海上絲綢之路基本文獻叢書

海運續案（上）

〔清〕户部 修

文物出版社

圖書在版編目（CIP）數據

海運續案．上 / 户部修．-- 北京 ：文物出版社，2022.7
（海上絲綢之路基本文獻叢書）
ISBN 978-7-5010-7612-3

Ⅰ．①海… Ⅱ．①户… Ⅲ．①海上運輸－交通運輸史－史料－中國－清代 Ⅳ．①F552.9

中國版本圖書館 CIP 數據核字（2022）第 086696 號

海上絲綢之路基本文獻叢書

海運續案（上）

修　　者：〔清〕户部
策　　劃：盛世博閱（北京）文化有限責任公司

封面設計：鞏榮彪
責任編輯：劉永海
責任印製：蘇　林

出版發行：文物出版社
社　　址：北京市東城區東直門内北小街 2 號樓
郵　　編：100007
網　　址：http://www.wenwu.com
經　　銷：新華書店
印　　刷：北京旺都印務有限公司
開　　本：787mm×1092mm　1/16
印　　張：14.25
版　　次：2022 年 7 月第 1 版
印　　次：2022 年 7 月第 1 次印刷
書　　號：ISBN 978-7-5010-7612-3
定　　價：98.00 圓

總緒

海上絲綢之路，一般意義上是指從秦漢至鴉片戰争前中國與世界進行政治、經濟、文化交流的海上通道，主要分爲經由黄海、東海的海路最終抵達日本列島及朝鮮半島的東海航綫和以徐聞、合浦、廣州、泉州爲起點通往東南亞及印度洋地區的南海航綫。

在中國古代文獻中，最早、最詳細記載『海上絲綢之路』航綫的是東漢班固的《漢書·地理志》，詳細記載了西漢黄門譯長率領應募者入海『齎黄金雜繒而往』之事，書中所出現的地理記載與東南亞地區相關，并與實際的地理狀况基本相符。

東漢後，中國進入魏晉南北朝長達三百多年的分裂割據時期，絲路上的交往也走向低谷。這一時期的絲路交往，以法顯的西行最爲著名。法顯作爲從陸路西行到印度，再由海路回國的第一人，根據親身經歷所寫的《佛國記》（又稱《法顯傳》）一書，詳細介紹了古代中亞和印度、巴基斯坦、斯里蘭卡等地的歷史及風土人情，是瞭解和研究海陸絲綢之路的珍貴歷史資料。

隨着隋唐的統一，中國經濟重心的南移，中國與西方交通以海路爲主，海上絲綢之路進入大發展時期。廣州成爲唐朝最大的海外貿易中心，朝廷設立市舶司，專門管理海外貿易。唐代著名的地理學家賈耽（七三〇～八〇五年）的《皇華四達記》記載了從廣州通往阿拉伯地區的海上交通『廣州通夷道』，詳述了從廣州港出發，經越南、馬來半島、蘇門答臘半島至印度、錫蘭，直至波斯灣沿岸各國的航綫及沿途地區的方位、名稱、島礁、山川、民俗等。譯經大師義净西行求法，將沿途見聞寫成著作《大唐西域求法高僧傳》，詳細記載了海上絲綢之路的發展變化，是我們瞭解絲綢之路不可多得的第一手資料。

宋代的造船技術和航海技術顯著提高，指南針廣泛應用於航海，中國商船的遠航能力大大提升。北宋徐兢的《宣和奉使高麗圖經》詳細記述了船舶製造、海洋地理和往來航綫，是研究宋代海外交通史、中朝友好關係史、中朝經濟文化交流史的重要文獻。南宋趙汝適《諸蕃志》記載，南海有五十三個國家和地區與南宋通商貿易，形成了通往日本、高麗、東南亞、印度、波斯、阿拉伯等地的『海上絲綢之路』。宋代爲了加强商貿往來，於北宋神宗元豐三年（一〇八〇年）頒佈了中國歷史上第一部海洋貿易管理條例《廣州市舶條法》，并稱爲宋代貿易管理的制度範本。

元朝在經濟上採用重商主義政策，鼓勵海外貿易，中國與歐洲的聯繫與交往非常頻繁，其中馬可·波羅、伊本·白圖泰等歐洲旅行家來到中國，留下了大量的旅行記，記録元代海上絲綢之路的盛況。元代的汪大淵兩次出海，撰寫出《島夷志略》一書，記録了二百多個國名和地名，其中不少首次見於中國著録，涉及的地理範圍東至菲律賓群島，西至非洲。這些都反映了元朝時中西經濟文化交流的豐富内容。

明、清政府先後多次實施海禁政策，海上絲綢之路的貿易逐漸衰落。但是從明永樂三年至明宣德八年的二十八年裏，鄭和率船隊七下西洋，先後到達的國家多達三十多個，在進行經貿交流的同時，也極大地促進了中外文化的交流，這些都詳見於《西洋蕃國志》《星槎勝覽》《瀛涯勝覽》等典籍中。

關於海上絲綢之路的文獻記述，除上述官員、學者、求法或傳教高僧以及旅行者的著作外，自《漢書》之後，歷代正史大都列有《地理志》《四夷傳》《西域傳》《外國傳》《蠻夷傳》《屬國傳》等篇章，加上唐宋以來衆多的典制類文獻、地方史志文獻，集中反映了歷代王朝對於周邊部族、政權以及西方世界的認識，都是關於海上絲綢之路的原始史料性文獻。

海上絲綢之路概念的形成，經歷了一個演變的過程。十九世紀七十年代德國地理學家費迪南·馮·李希霍芬（Ferdinad Von Richthofen，一八三三～一九〇五），在其《中國：親身旅行和研究成果》第三卷中首次把輸出中國絲綢的東西陸路稱爲『絲綢之路』。有『歐洲漢學泰斗』之稱的法國漢學家沙畹（Édouard Chavannes，一八六五～一九一八），在其一九〇三年著作的《西突厥史料》中提出『絲路有海陸兩道』，藴涵了海上絲綢之路最初提法。迄今發現最早正式提出『海上絲綢之路』一詞的是日本考古學家三杉隆敏，他在一九六七年出版《中國瓷器之旅：探索海上的絲綢之路》中首次使用『海上絲綢之路』一詞；一九七九年三杉隆敏又出版了《海上絲綢之路》一書，其立意和出發點局限在東西方之間的陶瓷貿易與交流史。

二十世紀八十年代以來，在海外交通史研究中，『海上絲綢之路』一詞逐漸成爲中外學術界廣泛接受的概念。根據姚楠等人研究，饒宗頤先生是華人中最早提出『海上絲綢之路』的人，他的《海道之絲路與昆侖舶》正式提出『海上絲路』的稱謂。選堂先生評價海上絲綢之路是外交、貿易和文化交流作用的通道。此後，大陸學者馮蔚然在一九七八年編寫的《航運史話》中，使用『海上絲綢之路』一詞，這是迄今學界查到的中國大陸最早使用『海上絲綢之路』的人，更多地限於航海活動領域的考察。一九八〇年北京大學陳炎教授提出『海上絲綢之路』研究，并於一九八一年發表《略論海上絲綢之路》一文。他對海上絲綢之路的理解超越以往，且帶有濃厚的愛國主義思想。陳炎教授之後，從事研究海上絲綢之路的學者越來越多，尤其沿海港口城市向聯合國申請海上絲綢之路非物質文化遺産活動，將海上絲綢之路研究推向新高潮。另外，國家把建設『絲綢之路經濟帶』和『二十一世紀海上絲綢之路』作爲對外發展方針，將這一學術課題提升爲國家願景的高度，使海上絲綢之路形成超越學術進入政經層面的熱潮。

與海上絲綢之路學的萬千氣象相對應，海上絲綢之路文獻的整理工作仍顯滯後，遠遠跟不上突飛猛進的研究進展。二〇一八年厦門大學、中山大學等單位聯合發起『海上絲綢之路文獻集成』專案，尚在醞釀當中。我們不揣淺陋，深入調查，廣泛搜集，將有關海上絲綢之路的原始史料文獻和研究文獻，分爲風俗物産、雜史筆記、海防海事、典章檔案等六個類别，彙編成《海上絲綢之路歷史文化叢書》，於二〇二〇年影印出版。此輯面市以來，深受各大圖書館及相關研究者好評。爲讓更多的讀者親近古籍文獻，我們遴選出前編中的菁華，彙編成《海上絲綢之路基本文獻叢書》，以單行本影印出版，以饗讀者，以期爲讀者展現出一幅幅中外經濟文化交流的精美畫卷，爲海上絲綢之路的研究提供歷史借鑒，爲『二十一世紀海上絲綢之路』倡議構想的實踐做好歷史的詮釋和注脚，從而達到『以史爲鑒』『古爲今用』的目的。

凡例

一、本編注重史料的珍稀性，從《海上絲綢之路歷史文化叢書》中遴選出菁華，擬出版百册單行本。

二、本編所選之文獻，其編纂的年代下限至一九四九年。

三、本編排序無嚴格定式，所選之文獻篇幅以二百餘頁爲宜，以便讀者閱讀使用。

四、本編所選文獻，每種前皆注明版本、著者。

五、本編文獻皆爲影印，原始文本掃描之後經過修復處理，仍存原式，少數文獻由於原始底本欠佳，略有模糊之處，不影響閱讀使用。

六、本編原始底本非一時一地之出版物，原書裝幀、開本多有不同，本書彙編之後，統一爲十六開右翻本。

目録

海運續案（上）

海運續案（上）

序—卷二

〔清〕户部 修

清咸豐二年進呈抄本

海運續案

卷六

米冊

戶部尚書臣孫　跪
奏為援照成案河海並運以裕庫儲而資周轉仰祈
聖鑒事竊維部庫支絀近年滋甚粤西軍務尚未告竣南
河復值漫口臣等已照該督等所請如數撥給銀四
百五十萬兩以濟要工此次所撥之款皆明年京支
所必需屆期籌措無資恐致束手伏念
國家量入為出制用舊章原屬有贏無絀近年因銀價
昂貴歲入之數不能如額年年常此減少積少成多
遂致一切支放皆形竭蹶當此入項短缺之日又值
出項[illegible][illegible]此辦理之所以掣肘也為今之計若

非有以加增之項不足以供接濟然非有節省之
費亦無術可以加增且即以節省為加增必其事曾
經辦過著有成効者方可仿照而行有益無損溯查
江蘇漕運自道光十年以後年年缺額約計短收數
目自三四成至四五成不等十餘年來以習為故常
矣然或偶行海運則全漕俱到無少缺減總緣漕船
減歇則漕務幫費全數節省即以所省之費添購米
石足額之故實由於此又查道光二十七年遵
旨將蘇松太二府一州漕白糧米改由海運以各州縣津貼
旗丁之費作為籌補之資計多得米三十餘萬石此

即以節省為加增而著有成效者也惟是該年海運
係為籌補倉儲故多得之米全數交倉今則倉儲尚
非甚缺而部庫支絀萬狀擬請將來歲蘇松太三屬
新漕照案改由海運計多得之米仍可有三十餘萬
石即以此米糶出換銀可得銀六十餘萬兩又三屬
幫船既不出運行糧耗米等項皆歸節省計通共可
得銀八九十萬兩於常年交倉米數仍無減損而多
得之銀計明歲春間即可聽候部撥似於庫儲不無
少補雖此項到京亦僅足兩月之用然今茲舍此而
不計則來歲並此而亦無且三屬漕白既由海運則

大工興辦之後亦少此數十幫逆流挽上之重船是又一舉而兩得者也惟臣之所見究屬懸擬一切真正情形仍在蘇省當此萬分支絀之外臣工各宜實心實力共濟艱難俾

節項多一分之蓄儲則度支多一分之裨益是又歸在事人員之經理得宜自收實效也相應請

旨敕下該督撫悉心體察速議妥辦以裕度支而救時艱

臣愚昧之見是否有當伏乞

皇上聖鑒謹

奏

再查海運成案道光六年經大學士英　奏請試辦
是歲全漕到京並無損失道光二十七年遵
旨將蘇松太二府一州漕白改由海運爾時言者皆以風濤
盜賊藉詞阻止仰賴
成皇帝宸謨獨斷遂收全漕俱到之益伏查蘇松常鎮太五
屬前三屆交倉漕糧道光二十九年九十七萬餘石
道光三十年三十餘萬石咸豐元年九十三萬餘石是五屬河運之米尚不及
二十七年蘇松太三屬海運米石之多言者於海運
之全漕到京河運之常年短欠皆置而不論惟一議
海運則羣疑滋起是其言之不足為據已可概見此

海運之可行者一也至風波之說臣常訪之海上居人僉云海洋風信皆有定期商船往來即以其期為收放故失事者百不過一況海運在春夏之交維時東南風司令一帆順駛萬里遄徵事妥行速此海運之可行者二也又盜賊之說近歲東洋盜蹤未靖非無商船被刦之案然皆五月以後之事蓋緣洋盜皆閩粵人素畏北洋風寒必俟六七月間方敢北駛今歲山東石島煙臺兩案即係七月二十五日之事可為明證溯查前屆海運皆於五月內蕆事彼時並無盜賊此海運之可行者三也又況商船被刦皆由水

師偷安不出巡洋所致今以
天庾正供改行海運由江南以至天津水師提鎮以下人
人知有責成連艘千百器械齊備較商船聲威之壯
奚啻十倍不但無虞盜劫無可使盜望風而遁此海
運之可行者四也又查漕運全書海運一條內載我
朝自康熙年間開海禁以來商船往還關東天津等處
習以為常駕駛之技趨向之方靡不漸推漸準愈久
愈精是海運雖屬試行海船實為習慣春夏多東南
風舟行尤為順利等語此書道光二十四年由臣部
纂修恭進

欽定刊頒是海運之可行已登典冊更覺信而有徵矣謹附
片陳明伏乞
皇上聖鑒謹奏咸豐元年九月二十四日奉
上諭戶部尚書孫　奏河海並運以裕庫儲一摺據稱
從前海運著有成效請將來歲蘇州松江太倉三屬新
漕照案由海海運計節省之項可裕庫儲又另片奏檢
查成案歷陳海運之可行等語著陸建瀛楊文定按照
所奏各情並體察該省地方現在情形明年漕運是否
有宜變通之處務當豫為籌畫悉心妥議迅速具奏原
摺片均抄給閱看將此各諭令知之欽此

江南道監察御史臣張祥晉跪

奏為節省浮費以濟要需請將本年江蘇新漕援照前屆海運成案推廣常鎮各屬及浙江一體遵辦仰祈

聖鑒事竊惟南漕善策莫如海運道光二十七年蘇松太漕在於該屬節省漕贈銀米添購米三十餘萬石運交京倉此前屆辦理之成案也而本年江浙新漕應改海運有較之二十七年為尤甚者豐北漫口大工甫興距來歲重運之期不遠儻屆期未能工竣固恐有礙漕行即使依限合龍水歸故道而黃水曾經入運秋冬水落難保無淤塞之虞如道光四年高堰抉

口運道受淤鹽運滯漕費帑至九十餘萬且恐不能如期抵通有妨京倉支放此不可不先事預防者也至於南河工用浩繁尤當亟籌經費查江蘇前屆海運僅辦蘇松太屬節省銀數已不下七八十萬兩之多若將新漕推廣常鎮各屬及浙江杭嘉湖三府一體遵辦其節省當在二百萬兩以上應令毋庸添購米石即將銀兩撥解河工以濟急需是節幫費之虛糜歸工需之實用此尤海運之有裨於今日者也總之新漕改由海運既免運道淤塞之慮又濟南河要工之需且計漕糧抵通可較河運有速無遲有贏無

然似一舉而數善兼備現值南漕開辦之時如臣言
可採應請
旨勅下江浙兩省督撫體察情形稽覈成案速議具奏臣
愚昧之見是否有當伏乞
皇上聖鑒訓示謹
奏
再前據兩江督臣陸建瀛等奏稱南河現興大工錢
價驟長每銀一兩僅易制錢一千五六百文於工需
帑項虧折甚鉅是設法以平錢價尤屬要圖向聞浙
江漕糧兼收折色而繳錢之地爲多州縣以錢易銀

解兑每為市價居奇須制錢二千三四百文方能易
銀一兩近年州縣虧空多緣於此如新漕改辦海運
將節省銀兩撥濟工需飭令搭解錢文運交工次則
州縣既可免易銀之累而河工又可免易錢之虧虛
兩地錢價俱平而帑項胥歸實用矣謹附片具
奏咸豐元年九月二十五日奉
上諭昨據戶部尚書孫　奏擬行海運以裕庫儲已降
旨交陸建瀛楊文定悉心妥議具奏茲據御史張祥晉
奏請將江蘇新漕援照從前海運推廣常鎮各屬及浙
省一體試辦等語南漕海運雖有舊案可循是否可以

推廣並現在地方情形是否可行著陸建瀛楊文定常大淳悉心體察迅速妥議具奏又另片奏江浙漕糧徵錢之地居多若改辦海運將節省之錢運交河工並可以平價著一併議奏原摺片均抄給閱看將此各諭令知之欽此

[illegible]卷一

乙

兩江總督臣陸建瀛江蘇巡撫臣楊文定跪

奏為蘇松常鎮四府一州漕糧遵

旨籌議海運先將覈實大概情形恭摺具奏仰祈

聖鑒事竊臣等准軍機大臣字寄本年九月二十四日奉

上諭戶部尚書孫瑞珍奏河海並運以裕庫儲一摺據稱從前海運著有成效請將來歲蘇州松江太倉之屬新漕照案由海海運計節省之項可補庫儲又另片奏檢查成案歷陳海運之可行等語著陸建瀛楊文定按照所奏各情並體察該省地方現在情形明年漕運是否有宜變通之處自當豫為籌畫悉心妥議迅速具奏原

摺片均抄給閲看將此諭令知之欽此又續准軍機大
臣字寄九月二十五日奉
上諭昨據戶部尚書孫瑞珍奏擬行海運以裕庫儲已降
旨交陸建瀛楊文定悉心妥議具奏茲據御史張祥晉
奏請將江蘇新漕援照從前海運成案推廣常鎮各屬
及浙省一體試辦等語南漕海運雖有舊章可循是否
可以推廣並現在地方情形是否可行著陸建瀛楊文
定常大淳悉心體察迅速妥議具奏又另片奏江浙漕
糧徵錢之地居多若改辦海運將節省之錢運交河工
並可以平價著一併議奏原摺片均抄給閲看將此各

諭令知之欽此臣等伏查江蘇歲額漕糧甲於他省統計蘇松常鎮太四府一州每年照例交倉漕米一百四十餘萬石歷來州縣津貼幫費以蘇松太為最重常鎮次之近年災歉頻仍民間元氣未復以致起運米數歲有缺欵即熟田應徵之米亦復催輸不易而銀價未能平減浮費不克盡裁收兌兩難官民交困若欲力籌補救舍海運誠無良策辰下西粵軍務未竣南河復值漫口撥餉浩繁正度支孔亟之時欲於裕漕之中籌節省之計亦非海運不可臣楊殿邦正在亟商籌辦間適奉

諭旨飭議臣等伏查道光二十八年海運成案蘇松太三屬二十七年額徵漕糧除熟田應徵米穀外實災缺米二十七萬三千七百餘石當時即以節省給丁餘耗等米一十六萬餘石交倉並提節省給丁漕贈等銀一十五萬餘兩以之採買米一十一萬三千餘石湊足漕額又籌補常鎮兩屬災缺米六千九百七十餘石並提隨正交倉經紀耗米一萬三千三百餘石總計二十九萬四千餘石是籌補實缺等米為數幾及三十萬石即出於節省給丁銀米其節省給丁津貼皆係抵充沙船水脚耗米及天津通壩駁運等費曾

經由部議准覆奏有案較之道光六年已屬格外節
省本年夏秋風雨過多業據各屬會同委員紛紛勘
報均有歉收緩缺額漕辦[illegible]不免如果改由海運自
應籌足額數即沙船水脚耗米暨南北公費又皆為
海運所必需亦不能不藉資於節省津貼臣等督同
司道及各府州悉心體察蘇松太三屬漕糧近年海
運成案既收實效自當循辦而常鎮二屬幫費既經
道遠較遠情形本與蘇松不同非不可照舊河運惟
就該御史推廣之議復加籌畫覺蘇松既歸海運即
常鎮照辦亦為順易且多此兩府海運之米又省數

萬河運之資於度支不無小補應請將蘇松常鎮太五府州應徵熟田漕白二米一律由海運津並將節省例給旗丁餘耗等米飭令各州縣分別糶變惟剩下江蘇米價頗賤每石不過值銀一兩加之節省漕贈等銀約計總可得銀六七十萬查照上屆成案抵作籌補缺額之米立限提解司庫尚未覈實具詳現在趕緊嚴追應俟各屬被歉頃畝科則細冊送齊之後方能覈見實數且恐各屬科則有避就之虞歉分有浮報之處臣等自當不避勞怨認真查辦總使比較上屆海運交倉之米不致短少所有海運一切辦

法應與道光六年及二十七年成案互相參酌容俟
覈定確數並酌擬辦理章程另行具
奏其漕船水脚耗米及南北應用經費照舊於節省津
貼項下飭提支用再南河工用奉撥蘇省銀兩經臣
陸建瀛酌量情形飭屬銀錢並解尚資接濟在州縣
徵漕間有折色亦洋錢居多況海運節省應俟部撥
該御史所奏節省之錢數交河工之處應毋庸議至
於風濤之險盜賊之虞原奏辯論已詳即水手之難
以安插尤應加意防範臣等惟有督同司道詳查成
案逐一覈議次第詳奏設有今昔異宜仍當因時籌

的分別請
旨遵行除浙江漕糧能否海運由該撫臣常大淳另行籌
議具奏外相應將蘇屬五府州漕白二糧遵辦海運
並抵補足數酌擬節省銀款大概情形先行合詞恭
摺覆奏伏乞
皇上聖鑒訓示謹
奏咸豐元年十二月初五日內閣奉
上諭陸建瀛楊文定奏遵旨籌議海運一摺前據尚書孫
瑞珍奏陳從前海運成效請將新漕援照辦理並據御
史張祥晉奏請推廣成案試辦海運疊經降旨諭令陸

建瀛等體察情形悉心妥議具奏茲據該督撫籌最大
概情形先行覆奏所有來年蘇州松江常州鎮江太倉
五府州漕白糧米著准其一律改由海運該督撫即查
照成案迅將籌辦章程詳議奏聞並著嚴飭各屬覈實
認真辦理毋致滋生弊端餘著照所議辦理該部知道
欽此

西山雜志　卷一

十二

浙江巡撫臣常大淳跪

奏為查明浙省漕糧難以試行海運請仍循照舊章辦

理恭摺覆

奏仰祈

聖鑒事竊臣承准軍機大臣字寄咸豐元年九月二十五

日奉

上諭昨據戶部尚書孫　奏擬行海運以裕庫儲等因

欽此遵

旨寄信到臣當即欽遵劄飭藩司糧道轉行有漕各府悉

心妥議據實詳辦去後茲據藩司椿壽糧道胡元博

轉據杭嘉湖三府以查明浙省漕糧試行海運諸多窒礙會議詳請覆
奏前來臣復詳加察覈伏思漕運河工均為當務之急目下河工漫口運道不無淤阻工費所需孔迫誠能將新漕改行海運節省給幫銀米以濟工需兼免新漕阻滯之虞何敢不實力實心認真籌辦無如悉心體察實有萬難改行之勢緣浙省情形與蘇省不同蘇省漕額較重所收本折為給幫津貼均較浙省為多以致海運經費較之河運稍有節省浙省近年河運貼幫銀米多者每石四錢有零少者每石不及三

錢令如試行海運即以蘇省向辦海運經費每石一
兩有奇之數而計較之河運非特不能節省且不敷
為數甚鉅此其不能行者一也又浙江乍浦寧波雖
有海口乍浦向有鐵板沙塗無船可雇寧波則相距
有漕州縣窵遠之中隔兩江三壩不能一帆直達且
該海口船亦無多不敷受載如改行海運亦必須從
蘇省之上海放洋而浙省有漕各屬相鉅上海或二
四百里或六七百里盤運甚遠費亦不支且上海地
轄江蘇該地方官有所節制募船尚易浙省非其所
轄勢必呼應不靈即使仰藉江蘇代為雇募而兩省

同時舉辦綠計額漕不下二百數十萬石約需沙船二千餘隻方可載運其時或雇用不敷或勒索居奇均不可不慮此其不能行者二也又沙船放洋時在二月中旬起運漕糧及運行經費必須歲底正初先期兌交清楚方可乘時開行浙漕收兌向遲内如嘉興秀水嘉善海鹽等縣漕米歲内完納寥寥遲至來春方能旺收積習相沿牢不可破至各屬給幫各款每至四月開幫尚多掛欠漕白錢糧延至糧艘北行猶未能兌足五分之數百計追呼而漕缺大率凋殘非多方那墊不能曲為敷衍兼之浙省向非聚商之所

內河船隻亦不甚多如以三屬各州縣漕糧同時運赴上海其間壓前等後稽擱亦必難免銀米兩項遲誤堪虞此其不能行者三也又浙省二十一幫丁情素稱疲累如杭嘉二府之杭二杭四海所杭三寧前嘉白等幫從前尚可支持自道光三十年因災停運之後殷者轉疲疲者愈累其湖屬八幫困苦尤甚旗丁衣不蔽體食不充腹在船遷桅槓具率多典質甚至有拆賣船板者本年起運多方調劑並將減船月糧全行撥濟始能勉行出運今若試行海運再復停歇則在次各船即難保其悉能完備下屆仍行河運

設有缺誤關係非輕且改行海運必須將各船水手
逐一資遣而浙省各幫均有水手欠賬多者盈千累
萬道光三十年辦理資遣
奏請撥款之外又將減丁苫蓋月糧全行貼給方能驅
散彼時該水手等因冀下運受雇故尚相安無事今
若改行海運恐該水手等慮及從此失業或藉索幫
欠逗留生事或流為盜賊擾害閭閻尤不可不防其
漸溯查嘉慶十五年暨道光五年浙省遵奉
諭旨敕議試行海運酌折額漕均經各前撫臣以窒礙難行
具摺奏覆在案彼時浙省漕務尚稱完善猶且難行

令則民困幫疲其受賠情形更非昔比有漕各屬內
如海寧秀水嘉善海鹽歸安德清等州縣固已疲瘠
著名其餘各邑亦不可勝言各州縣每辦一漕無不
筋疲力盡或以漕缺為畏途如果改行海運得能節
省當亦無不樂從今通盤籌計較之河運之費非惟
不能節省轉須加多兼之種種窒礙實有斷難改行
之勢所有浙省漕糧應請仍循舊章由河運行以免
貽誤並請
旨敕下兩江督臣暨江南河臣迅飭將運道設法疏濬以
利漕行而免阻滯臣謹會同漕運總督臣楊殿邦據實

恭摺覆

奏伏乞

皇上聖鑒訓示謹

奏咸豐元年十二月十七日奉

硃批知道了既屬窒礙著暫停試辦欽此

兩江總督臣陸建瀛江蘇巡撫臣楊文定跪
奏為蘇松常鎮太四府一州應徵咸豐元年漕白糧米
全由海運酌定辦理章程恭摺奏祈
聖鑒事竊臣等議請海運奏奉
上諭陸建瀛楊文定奏遵旨籌議海運一摺前據尚書孫
瑞珍奏陳從前海運成效請將新漕援照辦理並據御
史張祥晉奏請推廣成案試辦海運疊經降旨諭令陸
建瀛等體察情形悉心妥議具奏茲據該督撫籌款大
概情形先行覆奏所有來年蘇州松江常州鎮江太倉
五府州漕白糧米石准其一律改由海運該督撫即查

照成案迅將籌辦章程詳議奏聞并著嚴飭各屬覈實
辦理毋致滋生弊端餘著照所議辦理該部知道欽此
當經欽遵轉飭遵照辦理去後臣等伏查江蘇漕務
收兑兩難積疲已久欲求節費裕漕誠非海運不可
本年交秋風雨過多收成復形歉薄經臣等嚴飭司
道實力整頓不准絲毫浮報覈計本年熟田應徵交
倉漕白米一百四萬六千二百餘石一律由海運津
仍照成案於來年二月内全數放洋北上其向年倒
給旂丁餘耗等米飭令各州縣一律糶變連節省漕
贈等銀並撥節省津貼等款共銀六十六萬兩分別

立限提解到部撥用一切海運辦法本有成案可循第查道光五年及道光二十七三十等年漕糧三次海運或辦五屬或辦三屬或專辦白糧事勢多有不同今屆四府一州漕白二糧全歸海運正與道光五年情形相仿彼時年穀順成全漕起運並無災緩缺額之款除津通應用各款及應給沙船耗米概支節省銀米外所計餘米六萬數千石隨正交倉道光二十七年海運籌補災缺等米幾及三十萬石抵足漕額辦理已屬不易此次銀米併計除補足交倉額米外尚有額外餘銀二十六萬餘兩比較道光五年二

十七年又屆交倉之數均屬有贏無絀其餘兑運事宜悉循成法惟令屆節省之款以米易銀亦復少有異同臣等惟有殫壓愚忱認真督辦現就司道妥議章程覆加詳覈謹先擬十條為我

皇上陳之

一海運事繁任重必期經理得人也查海運漕糧以省城為始事以上海為總匯以天津為歸宿道光五年及二十七三十等年三次海運成案均於省城上海天津三處各委司道守丞各大員分任厥事而以縣令佐雜襄理奔走令屆自應仿照辦理飭藩司總

理全局並委員署蘇州府知府鍾殿選署松江府知府何士祁督同候補知縣吳煦查議章程勾稽款目仍由藩司會同糧道應徵銀米確數俾昭覈實其雇備沙船為海運首務飭委蘇松太道吳健彰督同候補知府洪玉珩松海防同知藍蔚雯等雇覓沙船並督飭各委員料理沙船兑收放洋各事糧道倪良耀責任糧儲應令於各屬開倉時親往查驗一次復於上海裝船時會同蘇松太道再行盤查米色均須一律乾圓潔淨白糧更宜慎重均不准稍有攙雜柔嫩不潔等弊並由糧道查明回空軍船幫次軍丁水手

各若干參酌成案分別調劑資遣至天津交米事宜尤屬喫重應即飭委該道酌帶委員先起由陸路赴津管理交兑並會同直隷委員照案妥為籌辦

一交倉漕米必須籌補足額也查道光二十七年蘇松太三屬漕糧辦理海運以節省給丁贈伍餘耗等米全數交倉並提給丁漕贈等銀採買起運補足漕額在案茲查咸豐元年分蘇州松江常州鎮江太倉等四府一州額徵有閏交倉漕白正耗米一百四十四萬五千三百九十一石零除本年秋歉緩徵漕糧及丹徒縣額漕儘撥旂營兵糧並被歉緩缺紞共米

三十九萬九千一百三十五石零實徵熟田交倉漕糧九十七萬四千二百四十九石零又額徵交倉白糧正耗米七萬二千六石零共計交倉漕白正耗米一百四萬六千二百五十五石零應照奏案一律由海運津至緩缺交倉漕糧米三十九萬九千一百三十五石零內除丹徒縣起運米石項下例應加截京口節歸不敷米四百八十二石零已於兵糧項下另籌買補外實計缺額米三十九萬八千六百五十二石零自應照案籌補足額令查漕白項下向應給丁贈五盤用等耗米除被歉緩徵及留支春耗等米外

共計熟田應徵節省給丁耗米二十一萬三千九百九十五石零今既專籌銀款應即飭令糶變並酌提各屬節省給丁津貼等銀湊抵緩缺漕糧米三十九萬八千六百五十二石零補足交倉全額餘歸銀款併計至沙船耗米每漕糧一石給米八升白糧一石給米一斗共計米八萬五千一百四十餘石應由各州縣捐給本年歉緩漕南米石仍俟來年秋成後查看情形按限徵完交幫搭運以符成例

一籌銀款以備撥用也今次遵

旨籌辦海運請以節省旂丁米石分別糶變不足之數再

提各屬節省給幫津貼以上屆籌補京倉米額改為籌補銀款惟係以銀合米補足漕額仍應專稽銀數以清眉目查本年蘇松常鎮太五屬額徵漕白項下共計被歉緩徵米三十九萬九千一百三十五石零查有熟田應徵給丁贈五餘耗等米二十一萬三千九百九十五石零既辦海運即應節省現飭各該州縣一律糶變每石合銀一兩共該糶變銀二十一萬三千九百九十五兩零又提各屬節省給丁津貼銀二十五萬八千三百六十四兩零並節省給丁漕贈等銀一十八萬七千六百三十九兩零三共銀六十

六萬兩分別立限提解司庫聽候部撥除抵補緩缺交倉額米合銀三十九萬八千六百五十二兩零外計有額外餘銀二十六萬一千三百四十八兩零其各屬應給沙船水脚神福犒賞暨捐購津通剝船經紀食耗等米由縣驗運赴滬水脚等款除應給沙船耗米歸入米款覈計外每石約需銀五錢七分五釐撥出運米數覈計共需銀六十萬一千五百九十餘兩及南北應用公費均飭各州縣於向年應給旂丁幫費內分別解給抵用

一籌補緩缺南糧毋庸援案截撥也查南糧項下應

支兵糧局卹等米每逢灾歉年分均係截撥漕糧道
光二十六等年京倉不敷
奏明籌款買補並碾常平倉穀給發其道光二十七年
漕糧海運成案係已節省隨漕脚費買米抵放各在
案本年各屬歉收計有緩缺兵糧局卹等米二萬三
千六百七十三石零此係計口授食要需不能短少
今漕額既已抵足前項緩缺之米自應一體籌撥照
案以節省隨漕脚費錢文飭令各州縣易銀批解分
別買米抵放毋須援案截撥即常平倉穀有關民食
亦可毋庸辦碾

一停運旂丁水手分別調劑資遣也查道光二十七年蘇松太三屬漕糧海運所有各幫停運軍船係委糧道查案籌款分別撫卹資遣今屆常鎮一併海運回空糧船較上屆更多現照案飭令軍船各歸兌糧水次並劄糧道參酌成案將停歇軍丁應支月糧苫蓋等銀籌款速放以卹丁力其水手人等亦由該道督飭各州縣於軍船到次之日查明水手人數開造姓名籍貫各給資遣銀兩押令速回本籍如有藉衆生事或盤踞不散嚴拏究辦

一沙船領運漕糧悉遵成案也查道光五年漕糧海

運沙船運米抵津如無故短少即令賠補僱驗有斫
桅鬆艙等情事
奏明豁免道光二十七年援案辦理惟沙船八成載米
二成載貨如在洋遭風並未拋棄貨物獨棄官糧者
雖驗有鬆艙屬實其短少米石仍勒令賠補今次自
應照辦現在雇定沙船先行趕緊修艙編列號檣停
青浦水次聽候派兑其未經進口之船現已咨行各
海口一體招徠歸塢一俟米數兑齊陸續放洋北上
仍援照上屆成案准其二成載貨
恩免納稅除運米一萬石以下由外給獎其自一萬石至

五萬石以上分別給與職銜若捐至五品無可再加
或另行酌獎事竣
奏請辦理又道光五年成案沙船抵津交兑之後所餘
耗米曾經
奏明官爲收買道光二十七年漕糧海運准令沙船在
津自行變賣餘米此次亦應照辦
一巡督防護倍宜周密也查道光二十七年漕糧海
運
奏明仿照閩廣商船赴津貿易之例准令沙船各帶軍
器俾資防護仍於入口時呈繳出口時給領以備稽

考並遴派武職大員親為護送仍派兵一千名沿海
巡防各在案現當整飭洋面之際沿海水師巡防係
其專責毋庸派員調兵押送轉致稽延即令各該水
師鎮將統帶備弁兵船沿途護送出境仍咨直隸山
東等省照案一律防範接護以昭慎重其沙船攜帶
軍器亦照舊章辦理

一籌備天津通倉經費照案支用也查道光二十七
年漕糧海運除輕齎由閘竹木等項照例批解外其
天津官剝民剝雇價通倉經紀夫役飯食等項均由
蘇籌備解津由江蘇交米委員會同直隸委員按照

奉一　二十四

啟運米數分別支應此次自應照章辦理經費由閘竹木等款照例由糧道衙門批解並天津剝船食米通倉經紀耗米另行備帶本色外其餘應需經費仍由蘇省籌措解往由直隸江蘇兩省委員查照成案逐一酌給絲毫不動

帑項

一剝船經紀食耗等米備帶本色也查道光二十七年漕糧海運天津剝船食米按照米數給發折色其通倉經紀耗米係江蘇委員收買沙船餘米隨正兑交經

欽差收米大臣德誠等於漕糧起卸完竣摺內聲明
奏報在案查上屆舊章剝船食米每漕米一石給食米一升一合五勺每石折給銀一兩四錢其通倉經紀耗米每漕糧一石給耗米一升五合白糧一石給耗米一升八合均以洪斛覈計現在詳稽成案剝船食米係給船戶飯食之用經紀耗米係備赴通折耗之需此二項本係米款與其折銀給發或赴津購米徒滋轉折此次應即備帶本色現飭辦漕各州縣如數措備計本年海運漕白二糧一百四萬六千二百餘石共需食耗等米二萬七千九百餘石隨正兑交沙

船一律運京按交倉米數分别兑交給發
一天津交米之後循舊責成經紀也查道光五年漕
糧海運欽奉
上諭海船押運到津經紀人等難免需索刁難著軍機大臣届
期奏請欽派一二員前往等因道光二十七年成業經部
援案
奏明由直隸派委天津道駐津總辦倉場揀派坐糧廳
酌帶經紀斛收戶部奏請
欽派大臣一人倉場侍郎一人赴津查驗及道光三十年蘇
松常太四屬海運白糧亦係仿照辦理各在案自三

次海運以來確有舊章可循已屬詳慎周密此次仍
請照由各衙門屆時
奏派來到天津驗收之後即與沙船無涉以免覊候其
由津運通之剝船中途如有侵耗滲漏責成經紀承
管庶免攙雜使水等弊以上各條臣等欽遵
諭旨詳考成案參酌時宜悉心妥議意見相同謹臚列繕
請
訓示遵辦其有未盡事宜再行隨時陳奏所有臣等會議
海運章程緣由謹會同漕運總督臣楊殿邦合詞具
奏是否有當伏乞
皇上聖鑒謹奏

皇上聖鑒訓示謹

奏咸豐二年正月十三日奉

硃批戶部妥速議奏欽此

戶部謹
奏為遵
旨妥速議奏仰祈
聖鑒事咸豐二年正月十三日兩江總督陸建瀛江蘇巡撫楊文定會同漕運總督楊殿邦奏蘇松常鎮太四府一州應徵咸豐元年漕白糧米全由海運酌定辦理章程一摺奉
硃批戶部妥速議奏欽此欽遵於正月十四日抄出到部據原奏內稱查江蘇漕務收兌兩難欲求節費裕漕誠非海運不可臣等嚴飭司道覈計熟田應徵交倉

漕白米一百四萬六千二百餘石由海運津仍照成案於二月內全數放洋北上其例給旂丁餘耗等米一律糶變連節省漕贈等銀并提節省津貼等款共銀六十六萬兩立限提解報部撥用一切海運辦法本有成案可循惟今届節省之款以米易銀亦復少有異同現就司道妥議章程覆加詳覈謹先擬十條

等因奉

旨交臣部妥速議奏臣等按照各條公同詳加酌覈恭摺

覆奏謹呈

御覽

一海運事繁任重必期經理得人一條據稱擬令藩司總理全局并委員署蘇州府知府鍾殿選署松江府知府何士祁督同候補知縣吳煦查議章程勾稽款目蘇松太道吳健彰督同候補知府洪玉珩松海防同知藍蔚雯雇覓沙船糧道倪良燿盤查米色並查明軍丁水手分別調劑資遣至天津交米尤屬吃重即飭委該道酌帶委員先期赴津管理交兑並會同直隸委員照案籌辦等語 臣等查上屆漕糧海運該省均於省城上海天津三處各委司道守丞等員分任 厥事在案茲據奏稱

藩司總理全局并委各該署府督同候補知縣等勻稽款目蘇松太道吳健彰督同候補知府及該同知等雇備沙船糧道倪良耀赴津交兌一切嚴與案符均應如所奏辦理仍飭該藩司會同該糧道詳稽應徵帶徵正耗及漕項銀米各數先行報部毋稍延誤其雇船事宜仍飭該道認真經理應給沙船水脚耗米等項務宜嚴加防範毋任假手書吏少有需索尅扣其查驗米色並調劑軍丁資遣水手均係糧道專責應即責成該糧道詳慎辦理漕糧務須乾圓潔淨一律秔米白糧尤應慎重

均不准有私米攙雜及柔嫩潮潤等弊應如所
奏令該糧道於開倉時親歷查驗復於上海交兌
再加盤查仍查照舊章簡裝米樣粘貼印花以便
到津稟請驗米大臣比對至天津交米尤關緊要
亦應如所奏令該糧道先期早抵津門管理交兌
并會辦撥船一切事宜毋稍遲延致滋貽誤
一交倉漕米必須籌補足額一條據稱咸豐元年蘇
松常鎮太四府一州實徵熟田漕糧額徵白糧共
計正耗米一百四萬六千二百五十五石零一律
由海運津至緩缺漕糧米三十九萬九千一百三

十五石零內除丹徒縣加載京口不敷米四百八
十二石零另籌買補外實計缺額米三十九萬八
千六百五十二石零自應籌補足額查漕白項下
共計熟田應徵節省給丁耗米二十一萬三千九
百九十五石零今既專籌銀款應即飭令糶變並
酌提節省給丁津貼等銀湊抵缺米三十九萬
八千六百五十二石零補足全額餘歸銀款併計
其沙船耗米共計八萬五千一百四十餘石應由
各州縣措給款緩漕南米石仍俟秋後查看情形
按限徵完交幫搭運以符成例等語　臣等查

道光二十八年辦理海運以節省給丁等米交倉
並提給丁等銀買米補足漕額在案令據奏稱實
徵熟田漕糧額徵白糧共正耗米一百四萬六千
二百五十五石零一律由海運津緩鈌漕糧米三
十九萬八千六百五十二石零籌補足額查此次
海運專為籌補銀款該省補足額漕米數仍歸銀
款併計應如所奏辦理其沙船耗米八萬五千一
百四十餘石亦應准其由各州縣措給務令全交
本色以備到津或有折耗賠補之用如查有私折
等弊即將州縣參處至咸豐元年歉緩漕南米石

仍飭俟咸豐二年秋後按限徵完交幫搭運毋任所屬捏災遮緩其海運漕白二糧應即飭令分別各府州縣正改兌正耗米各細數詳造妥冊先期由陸路齎至天津以備驗米大臣查覈毋稍遲延

一籌銀款以備撥用一條據稱今次海運請以節省給丁米石分別糶變不足之數再提節省給幫津貼以上屆籌補京倉米額改為籌補銀款仍應專稭銀數以清眉目查有熟田應徵給丁贈五餘耗等米二十一萬三千九百九十五石零一律糶變每石合銀一兩共該糶變銀二十一萬三千九百

九十五兩零文提各屬節省給丁津貼銀二十五萬八千三百六十四兩零並節省給丁漕贈等銀一十八萬七千六百三十九兩零三共銀六十六萬兩分別立限提解司庫聽候部撥其各屬應給沙船水腳神福犒賞及措賠津通剝船經紀食耗等米由縣剝運赴滬水腳等款除應給沙船耗米歸入米款核計外每石約尚需銀五錢七分五釐按出運米數覈計共需銀六十萬一千五百九十餘兩及南北應用公費均飭各州縣於向年應給旂丁幫費內分別解給抵用等語 臣等查此

次海運專籌銀款湊撥查有熟田應徵給丁米二十一萬三千九百九十五石零一律糶變每石合銀一兩共該銀二十一萬三千九百九十五兩零又節省給丁津貼銀二十五萬八千三百六十四兩零又節省給丁漕贈等銀一十八萬七千六百三十九兩零三共銀六十六萬兩應令提解司庫聽候部撥應用其各屬應給沙船水腳等款共需銀六十萬一千五百九十餘兩及南北應用公費於給丁幫費內解給抵用均應如所奏由外籌給分別辦理

一籌補緩缺南糧毋庸援案截撥一條據稱本年緩缺兵糧局恤等米二萬三千六百七十三石零此係計口授食要需自應一體籌撥照案以節省隨漕腳費錢文易銀批解買米抵放毋須援案截撥即常平倉穀亦可毋庸動碾等語　臣等查兵糧局恤等米如有緩缺上年因籌備京倉　臣部奏明嗣後不准截留漕糧旋由該省奏明籌款買補并碾常平倉穀給發並於道光二十八年海運案內聲明庫款各有支項常平倉亦關緩急礙難再動奏准在於海運節省隨漕腳費銀兩內動支採買

卷一　三十二

放給在案此次循照舊章應如所奏辦理仍令覈
實報銷用有贏餘報部候撥
一停運旂丁水手分別調劑資遣一條據稱道光二
十八年漕糧海運停運軍船係查案籌款分別撫
卹資遣令居常鎮一併海運回空糧船更多現飭
令軍船各歸水次並參酌成案將應支月糧苫蓋
等銀籌款速放水手人等亦於到次之日查明人
數開造姓名籍貫各給資遣銀兩押令速回本籍
等語　臣等查上屆海運成案停運旂丁係由
糧道將恤丁舊案參酌墊放水手係令各州縣開

造人數姓名住址清冊給銀資遣回籍茲據奏稱今屆停船較多現將月糧苦蓋等銀籌款速放水手人等各給資遣銀兩均與案符應准照辦仍飭嚴行查察勿令書役絲毫累及閭閻並不得假手吏胥留難剋扣幫船向係漕務官員所轄仍令漕運總督諄飭各衛備弁妥為約束務臻靖謐如有水手人等藉衆盤踞即飭嚴拏究辦毋任稍存大意致滋事端

一沙船領運漕糧悉遵成案一條據稱沙船八成載米二成載貨如在洋遭風並未拋棄貨物獨棄官

糧者雖驗有鬆艙屬實其短少米石仍勒令賠補
今次自應照辦其二成載貨
恩免納稅除運米一萬石以下由外給獎其自一萬石至
五萬石以上分別給予職銜若捐至五品無可再
加或另行酌獎又道光六年沙船抵津交兑之後
所餘耗米官為收買道光二十八年准令商船在
津自行變賣此次亦應照辦等語　臣等查上
屆海運成案沙船八成載米二成載貨免其納稅
如在洋遭風除斫桅鬆艙驗明糧貨俱損飭奏明
豁免外如貨物並未拋棄獨棄官糧者雖鬆艙屬

實短少米石仍令賠補此次自應照辦以昭覈實其所捐應募各商除一萬石以下由外給獎其自一萬石以上至五萬石以上分別給予職銜若捐至五品無可再加或另酌獎等語覈與案符應俟事竣奏請辦理至餘米一項道光六年係官爲收買道光二十八年准令商船自行變賣應俟沙船抵津交兑時由江蘇派出駐津糧道察看有無應須賠補覈明米數稟請驗米大臣隨時酌辦

一巡哨防護倍宜周密一條據稱漕糧海運准令沙船各帶軍器於入口時呈繳出口時給領並遴派

武職大員親為護送仍派兵一千名沿海巡防各
在案現當整飭洋面之際沿海水師巡防係其專
責毋庸派員調兵押送轉致稽延即令各該水師
鎮將統帶備弁兵船沿途護送出境仍咨直隸山
東等省照案一律防範接護等語　臣等查上
屆海運准令沙船各帶軍器並派武職大員護送
仍派兵一千名沿海巡防各在案此次應如所奏
照章辦理惟沙船軍器於入口時呈繳出口時給
領務宜實力稽查毋令稍滋流弊至所稱沿海水
師巡防係其專責即責成各該水師鎮將沿途護

送並直隸山東等省一律防範挨護等語臣等查
百萬正供攸關支放現當整飭洋面之時尤爲緊
要應飭該督撫及直隸山東各督撫等務須嚴飭
各該水師鎮將統帶備弁兵船逐段巡查逐程護
送斷不可稍事偷安致滋疎懈如有前項弊端即
行據實參奏毋任互相諉卸致干重咎

一籌辦天津通倉經費照案支用一條據稱漕糧海
運除輕賫由閘竹木等項照例批解外其天津官
剝民剝雇價通倉經紀夫役飯食等項均由蘇籌
備解津由江蘇交米委員會同直隸委員按照起

運米數支應絲毫不動
帑項等語　臣等查上屆海運成案除輕齎等項照例批解外其天津撥船之雇價通倉經紀夫役之口食等項均由外籌備不動
帑項此次循照舊章應如所奏辦理應令該省按照現籌海運米數先將約計需用銀兩解交天津道庫以備應用仍由該省委員先期到津會同覈定數目報部查覈總之沙船抵津愈早愈妙當河運南糧未到之先早為蒇事所籌經費自可無虞支絀

一剝船經紀食耗等米備帶本色一條據稱上屆舊

章剝船食米每漕米一石給食米一升一合五勺每石折給銀一兩四錢其通倉經紀耗米每漕糧一石給耗米一升五合白糧一石給耗米一升八合均以洪斛合計現在詳稽成案剝船食米係給船戶飯食之用經紀耗米係備赴通折耗之需此二項本係米款與其折銀給發或赴津購米徒滋轉折此次應即備帶本色計本年海運漕白二糧一百四萬六千二百餘石共需食耗等米二萬七千九百餘石隨正兑交沙船一律運津按交倉米數分別兑交給發等語 臣等查上屆海運章

程天津剝船食米係按照米數給發折色通倉經紀耗米係收買沙船餘米隨正兌交在案今據奏稱剝船食米係給船戶飯食之用經紀耗米係備赴通折耗之需應即備帶本色等語查此二項本係米款應准其備帶本色以免周折惟剝船經紀如有分賠之案經紀項下例在於耗米內計除其剝船項下作何辦理之處應令直隸總督諄囑詳查妥議務使米歸有著不准顆粒延欠

一天津交米之後循舊責成經紀一條據稱漕糧海運由直隸派委天津道駐津總辦倉場揀派坐糧

廳酌帶經紀斛收戶部奏請
欽派大臣一人倉場侍郎一人赴津查驗米到天津驗收
之後即與沙船無涉以免覊候其由津運通之剝
船中途如有侵耗滲溼責成經紀承管庶免攙雜
使水等弊等語　臣等查沙船抵津之後由驗
米大臣會同倉場驗明米色交坐糧廳督飭經紀
斛收載入撥船由津運通此際稍有委卸則百弊
叢生前功盡棄該督撫等所稱責成經紀承管一
節最關緊要溯查歷居成案疊經奏明米之乾潔
總以到津時查驗為憑公同查驗具結起撥後即

卷一　三十七

涉經紀之手如有霉變潮濕即惟經紀是問不准以
代役充數剝船兌足由經紀自撥殷實妥人分起
押運仍派文職武弁各一員隨帶兵役督同船頭
彈壓照料一俟運抵通壩各員稟知倉場馳回接
押尾後各起聽經紀所派之人自行交倉等因在
案此次漕糧抵津自應仍照舊章由驗米大臣會
同倉場坐糧廳直隸江蘇各委員眼同查驗明確
如沙船本有霉變即由江蘇委員責令該商等於
准給耗米內賠補如係好米即由坐糧廳取具該
經紀米色乾潔米數無虧切結督令斛收由經紀

自派親信妥人押運交倉如撥船在路有偷漏攙
和等弊立即稟知押運員弁拏交州縣責令撥船
賠補治以應得之罪如經紀索費不遂故縱使水
偷漏然後稟明洩忿及通同作弊分肥隱匿不稟
經押運委員查出或別經發覺應責令經紀撥船
分成賠補並各治以應得之罪糧米抵通委員馳
回押運後起撥船亦即起卸回空此後由裡河轉
運大通橋均係經紀料理如有短少潮溼經大通
橋及應行收米之倉監督查出均惟經紀是問不
得牽涉外河撥船更不得牽涉原裝沙船入倉以

後如有灰黷霉變及挪移牽混等弊則責在該倉
應令該倉賠補治花戶以應得之罪不得牽涉經
紀更不得牽涉外河撥船及原裝沙船如此劃清界
限層層防範總期實心實力有弊必除庶幾於事
有濟其直隸派委押運文武員弁催儹彈壓是其
專責務令撥船銜尾遄行毋任稍有逗留並嚴防
經紀人等滋弊毋少疎懈致干參處
以上各條臣等謹就原奏參酌成案公同詳覈恭摺
覆奏此外應辦一切事宜均有成規可仿應令確查
舊章一體遵照所有臣等遵

旨妥速議奏緣由謹恭摺具奏伏乞
皇上聖鑒訓示謹
奏咸豐二年正月十九日具奏本日奉
旨依議欽此

卷一

三十九

户部謹
奏為查驗海運漕糧照案先期奏請
欽派事竊查上届海運蘇州松江太倉二府一州漕糧到
津交收經臣部援照成案豫行奏請
欽派大臣一人會同倉場侍郎一人届期赴津查驗於道光
二十八年正月二十二日欽奉
上諭户部奏查驗海運漕糧先期奏請派員等語著派朱鳳
標德誠届期前往天津認真查驗兑收欽此欽遵在案本
届咸豐二年起運咸豐元年徵收蘇州松江常州鎮
江太倉四府一州漕白糧米較之上届海運二府一

州漕白糧米為數尤多應即查照成案奏請
欽派大臣一人會同倉場侍郎一人俟天津鎮道呈報沙
船抵津即行率同隨帶司員遵奉前往理合恭摺具
奏並將近年歷屆驗收海運米石戶部侍郎倉場侍
郎開列名單恭呈
御覽伏乞
皇上訓示謹奏請
旨

謹將歷屆驗收海運漕糧商米戶部侍郎倉場侍郎
開列名單恭呈

御覽

道光二十六年收買江蘇商米一萬一千四百石奉

旨派戶部左侍郎臣柏葰倉場侍郎臣陳孚恩

道光二十七年江督奏請派收江浙商米四十一萬餘石奉

旨派戶部右侍郎臣花沙納倉場侍郎臣陳孚恩

道光二十八年驗收海運正漕米一百九萬六千餘石奉

旨派戶部右侍郎臣朱鳳標倉場侍郎臣宗室德誠

咸豐元年驗收海運白糧七萬二千餘石奉

旨派倉場侍郎臣朱嶟

咸豐二年正月十五日具奏奉

硃批著派孫慶屆期前往驗收欽此

陸建瀛片

再本年蘇州松江常州鎮江太倉等五府州屬起運漕白糧米業經臣等奏蒙

諭旨全由海運將來天津交兑事宜最為繁重必須精練漕務廉幹有為之員庶克經理前於海運章程內奏委蘇松糧道倪良燿赴津總司其事惟籌辦撥船稽覈米數一切事務較繁上屆均隨帶丞倅各員同往照料有案查有候補知府洪玉珩候補同知王家珮朱鈞梁逢辰候補知縣吳煦等堪以隨同倪良燿赴津俟撥船到時即會同直隸地方官妥為辦理庶幾

各專責成謹合詞附片陳明伏乞

聖鑒謹

奏咸豐二年二月十二日奉

硃批知道了欽此

直隸總督臣訥爾經額片

奏再查本年江南蘇松常鎮太五府州屬應徵咸豐元年漕白糧米全由海運接准部咨行令遵照舊章派委道員赴津會同天津道設局總理並一切如何照章籌辦之處迅速奏明報部以憑覈辦等因查南糧海運曾有奏定章程上屆即係循照舊章並無應行變通之處本年海運漕糧應照案派委道員前往會辦查有清河道譚廷襄堪以派委駐津會同天津道遵照舊章迅速辦理除經檄飭遵並咨戶部外所有派委道員前往會辦海運緣由理合附片具

奏伏乞
聖鑒謹
奏咸豐二年二月十九日奉
硃批知道了欽此

兩江總督臣陸建瀛等片

奏再本年海運米船前經
奏明責令各該管水師鎮將統帶備弁兵船沿途防護現又派撥捕盜勇船護送出洋固昭周密惟沙船者舵水手人數衆多往往於所過口岸停泊稽延必須有人約束催趲茲據上海局委員候補知府洪玉珩稟稱查有在籍刑部員外郎王承基分發安徽候補知縣沈鑾來均係商董熟悉海洋情願捐資雇募水勇分為頭尾兩幫督押糧米北上以資約束而聯聲勢請照道光六年海運崇明舉人施彥士等押運米

船戶成業具

奏前來伏查該董等情殷報効不避風濤之險尚屬急

公似未便阻其報効之忱除飭遵外謹合詞附片陳

明伏乞

聖鑒謹

奏咸豐二年二月十九日奉

硃批知道了欽此

兩江總督臣陸建瀛江蘇巡撫臣楊文定跪
奏為恭報海運漕白糧米已裝各船開至十滧守風放
洋日期循案先行由驛馳奏仰祈
聖鑒事竊照蘇松常鎮太四府一州屬咸豐元年漕白糧
米經臣等奏奉
諭旨全由海運當飭將漕白米色加意挑選責令蘇松糧
道倪良耀蘇松太道吳健彰覆加查驗督飭兌裝載
至正月三十日止計共兌漕糧正耗等米三十八萬
五千五百一十六石零白糧正耗米二萬一千四百
二十七石零內除應給沙船漕白耗米及津通倉耗二

米外實共起運交倉漕白糧米三十六萬七千三百八十一石零分裝沙船三百餘隻所有應給水脚等項分别給發清楚取具領狀互結並委員查明各船隨帶器械飭令駛出吳淞口至十滧寄碇守過二月初八日風信放洋北上由司道暨上海局員詳請具

奏前來伏查海運沙船出口先經劄委崇明縣知縣孫豊馳往十滧稽查催趲尅期放洋並令水師鎮將帶兵沿途巡哨防護俟米船放至十滧齊幫統於二月初八日後察看風色順利聯艘開行惟此時海洋雖屬平靜而漕糧為

天庾正供尤當慎益加慎查上海設有勇船捕盜甚為得力茲特派艇船六隻閘風船二隻水勇五百名即令勇頭王之敬管帶護送米船出洋與沿途水師各營氣勢聯絡以壯聲威而昭慎重除催令續後米石趕緊源源兑運依限二月內全數開洋不准稍有遲逾一面飛咨本省鄰省沿海各鎮營督帶兵船嚴密巡護並咨戶部查覈外合將海運米石已裝各船開至十滧守風放洋日期謹照案會同漕臣楊殿邦恭摺由驛馳奏伏乞

皇上聖鑒謹

奏咸豐二年二月十九日奉

硃批知道了欽此

兩江總督臣陸建瀛江蘇巡撫臣楊文定跪
奏為海運漕白糧米責成沿海各鎮營親督師船妥為
防護恭摺具
奏仰祈
聖鑒事竊臣等遵
旨籌議海運一案已臚列章程具奏內巡哨防護一條聲
明沿海水師巡防是其專責毋庸派員調兵押送轉
致稽延即令各該管水師鎮將統帶兵船護送出境
仍咨直隸山東等省一體防範接護在案茲准
欽差戶部尚書孫　咨開漕糧為

天庚正供該督撫等所稱毋庸另行派員調兵即令各該
水師護送接護一節自係為專其責成以免諉卸起
見惟專任者何人分任者何人如何嚴飭各該員弁
實力奉行不致稍有鬆懈並於各省交界處所如何
嚴密防範聲息相通不致互相推諉之處未據詳細
聲叙相應飛咨即將咨詢各款熟籌妥議迅速具奏
並由江省飛咨山東巡撫直隸總督一體遵照辦理
以免疎虞等因查道光六年二十八年兩次海運均
派委武職大員帶兵護送六年係派兵六百名二十
八年係派兵一千名原為慎重其事無如各營遠近

不一未能刻期到齊以致兌米之後守候稽延因而盜賊生心米質被罨種種不便是以咸豐元年海運白糧臣陸建瀛與撫臣傅繩勳定議免派武職大員帶兵護送以免停船守候轉致遲延之弊是年到津妥速即其明驗今屆常鎮蘇松太四府一州漕米白糧徑行海運較之專運白糧雖有多寡之殊而辦理仍無二致自應查照前案沙船受兌之後即飭令陸續開洋赴津不准逗留崇明亦不准進泊山東各島如敢故違查有損失責令該船主照數賠償自行運津交兌其山東直隸兩省亦照案咨請巡護以備不

虞惟道光二十八年係開明船數米數先行咨照此次既不停泊山東一律駛赴天津收口驗兑自無須先咨船米數目以省浮文臣等往返函商意見相同當飭各屬遵照辦理現准戶部尚書臣孫　咨詢前來復查蘇屬本年海運漕白糧米在內洋則責成署福山鎮錢朝舉會同提右營水師叅將准升太湖協劉長清吳淞營叅將陳長泰彈壓巡防在外洋則責成蘇松鎮總兵葉長春狼山鎮總兵王鵬飛各帶本標水師弁兵按段稽查巡護務保無虞其山東直隸洋面仍咨請各督撫臣照飭沿海鎮營各按各境嚴

密巡查總期安抵天津勿稍疎失爲要所有准咨緣
由除咨覆
欽差戶部尚書孫　查照並分別咨行外謹合詞恭摺具
奏伏乞
皇上聖鑒訓示謹
奏咸豐二年二月十七日奉
硃批戶部知道欽此

世運續集 二十卷一 四十九

仍催令續後米石趕緊源源兑運勒限二月內全數
開洋不准稍有遲延一面飛咨本省鄰境沿海各鎮
營督帶兵船嚴密巡護以昭慎重除將續兑米數咨
部查覈外合將海運米石續裝沙船開行日期謹照
案會同漕臣楊殿邦恭摺由驛馳
奏伏乞
皇上聖鑒謹
奏咸豐二年三月初七日奉
硃批知道了欽此

卷一 五十

兩江總督臣陸建瀛江蘇巡撫臣楊文定跪
奏為恭報海運漕糧續裝數目跟接前幫放洋日期謹
再由驛馳
奏仰祈
聖鑒事竊照蘇松常鎮太五府州屬漕白糧米全由海運
截至正月三十日止共兌交倉漕白正耗米三十六
萬七千三百餘石業經臣等由驛馳奏在案茲據上
海局委員候補知府洪玉珩等詳報截至二月二十
日止共續兌漕糧正耗等米三十二萬三千六百十
五石零白糧正耗等米二萬七千五百十一石零內

除應給沙船耗米以及津通倉耗等米外實該起運交倉漕白正耗米一十一萬六千八百二十四石零分裝沙船三百餘隻其應給水脚等項照案發給清楚並飭委員查明各船隨帶器械一律駛出吳淞跟幫開行連前共船六百餘隻統計交倉米六十八萬四千二百餘石接續放洋北上其餘米石仍督令趕緊斛兑開行詳請具

奏前來復查運米沙船出口現經照案咨會水師鎮將帶兵沿途巡哨防護俟米船放至十滧齊幫察看風色順利聯踪開行並特派上洋勇船護送出洋臣等

倉場侍郎臣慶　臣朱　跪
奏為委派坐糧廳隨同兑收海運漕糧仰祈
聖鑒事竊臣等接准户部咨開本部具奏查驗海運漕糧
請
欽派大臣一摺咸豐貳年正月十五日奉
硃批著派孫　慶　屆期前往驗收欽此移咨前來臣
等查道光六年二十八年海運成案向派坐糧廳一
員帶領經紀人等隨同查驗兑收此次蘇州松江常
州鎮江太倉四府一州漕白糧米均由海運自應查
照舊章辦理臣等公同商酌擬派坐糧廳刑部郎中

毓鍾隨同認真查驗並飭慎選妥實可靠經紀人等
前往解收嚴禁從中需索等弊總期於漕務倉儲均
有裨益理合恭摺奏
聞伏祈
皇上聖鑒謹
奏咸豐二年二月十一日奏本日奉
旨知道了欽此

驗米大臣臣孫　臣慶　跪

奏為遵

旨前赴天津驗收海運南糧先期恭請

聖訓事竊本年正月十五日臣部奏請

欽派驗米大臣一摺奉

硃批著派孫　慶　屆期前往驗收欽此欽遵在案臣

等查海運南糧到津向由兩江總督直隸總督各派

委員駐津設立總局其應辦一切事宜理宜先事豫

籌督率妥辦伏查道光二十八年係於三月初二日

請

車同隨帶司員起程其時上海沙船尚未採有進口消息
此次自應照辦酌於三月初間起程前往至海洋風
信靡常萬一風帆順利能於本月底採有進口信息
臣等即行前往不必拘定三月初間日期合併聲明
除俟將屆起程再行恭摺具報起程日期外理合先
行跪請
聖安恭聆
訓誨是否有當伏乞
皇上聖鑒謹
奏

咸豐二年二月十八日具奏本日奉

旨知道了欽此

[illegible] 壬子卷二 五十四

山東巡撫臣劉源灝跪

奏為備陳籌辦本年海防情形仰祈

聖鑒事竊照東省海防自道光三十年間經前撫臣陳

奏改水師鎮將增設弁兵添造戰船徐為整頓之計上年新營立定鎮將陸續到任戰船亦由粵東成造回東各事甫有就緒而新兵未及訓練七月間突有粵匪刦佔戰船之事水師遊擊副將或已畏罪自盡或已參革治罪鎮臣陳世忠守備黃富興相繼追賊南行水師為之一空幸值冬令撤防暫安無事現屆春融指日南風司令粵匪布興有雖經投誠而沿海究

徒恐未必止此一般難保不乘風聯䑸北駛本年江省蘇松等府州漕糧均由海運洋面防衛事宜更較當年喫重溯查道光六年及二十八年江省海運經過東洋一切稽查防護歷有舊章臣現亦照案先期籌備如登州府屬榮成縣之石島為全洋扼要擬派委登州府知府汪承鏞督率該縣文武往來彈壓此外如文登縣之威海福山縣之煙台蓬萊縣之廟島以及榮成縣之俚島等處亦擬由省遴委幹練州縣佐貳等官分駐巡防並飭沿海各州縣團練壯勇分扼口岸以杜內匪偷越惟海口究察責在文員洋面護

送責在水師現在水師一鎮三營僅止前營實缺遊
擊羅朝輔一人舊有戰船年久失修不堪駕駛二十
九年添造之紅頭快船亦止能內港追擊不能駛出
大洋衝鋒臨敵上年被賊先後刦佔之新造廣艇開
風等船雖經在浙省繳回九隻奏
旨飭令黃富興押回而該守備因另有委造
盛京戰船於未奉飭知以前由浙經行赴粵經前撫臣陳
飛檄飭令折回現尚未據稟報回浙且聞在浙省收
回各船多有破損是否尚堪修補駕回備用抑竟須
拆造之處似難懸擬必須該守備回浙後飭令會同

浙省委員勘明情形稟覆到日方能酌辦約計開洋
以前實已趕辦不及是現在情形既無鎮將又無師
船而百餘萬
天庾正供指日連檣北來設有疎虞所關匪細臣通盤籌
計所需戰船尚可循照前數年辦理成案不惜經費
在沿海各口岸募雇商船頂替酌配兵勇巡防惟水
師將領非陸路武員所能庖代查新任水師登州鎮
臣武迎吉係上年十二月間由江省京口協副將奉
旨簡放丈登協水師副將陳勝元後營水師遊擊陳廷芳
係上年十月間由部掣補除陳勝元旋經升補江蘇

福山鎮總兵其遺缺尚未經部掣補外其餘各員現
時均未到任相應請
旨飭催新任登州鎮臣武迎吉並
勅部飛催新任後營水師遊擊陳廷芳迅速來東任事以
專責成其文登協水師副將亦請由部即行掣補俾
免曠悞抑臣更有請者查道光六年江省海運北來
該省遴派武職大員護送並派兵六百名沿海巡防
二十八年亦派武職大員護送加派兵一千名本年
海運兩江督臣陸建瀛等以沿海巡防各有專責毋
庸派員調兵押送應咨直隸山東等省接護等因經

速修書　丰丰叁二　五十七

戶部議准咨會在案臣伏思兩江督臣議改章程自
係為各專責成以杜諉卸起見惟查道光六年東省
洋面甚為平靜即二十八年間雖有閩匪闖入洋氣
亦未甚熾而上兩次海運過東尚資江省兵威以備不
虞三十年以後閩粵宄匪諳習東洋形勢乘虛窺伺
如上年之刦佔戰船撲攻口岸勢甚猖獗現值東省
水師無將無船即多雇商船酌配兵勇分段巡護亦
恐聲勢單弱不足以資捍衛臣非敢妄冀推諉而以
本年情形參較上兩屆舊章不容不思患豫防倍加
慎重可否籲懇

天恩俯賜
勅諭兩江督臣仍循舊章於海運開行時遴委武職大員
帶兵北來防衛俾東省水師藉資聲威以免疎虞之
處出自
聖裁為此恭摺具
奏伏乞
皇上聖鑒謹
奏咸豐二年二月二十三日奉
上諭劉源灝奏籌辦海防情形一摺已明降諭旨令武迎
吉等迅赴新任矣本年海運山東省水師將弁不敷巡

防自係實在情形惟請飭江蘇遴派武職大員北來防衛一節業據陸建瀛等奏定章程並分咨直隸山東等省沿途接護又據稱飭令江蘇在籍員外郎王承基安徽候補知縣沈鑾來等雇募水勇分為頭尾兩幫督押糧米起運是江蘇已有勇船防護不致漫無約束況米船現經陸續開洋若此時始令派委大員轉恐遷延時日幾不濟急該署仍照現定章程妥為辦理毋庸再議更張至登州鎮總兵武迎吉計日即可到任該省水師情形如何整頓之處即著與該鎮隨時會商籌辦實力捺防毋得稍存諉卸致有疎虞也將此諭令知之欽此

兩江總督臣陸建瀛江蘇巡撫臣楊文定跪
奏為恭報海運漕糧全數兌竣跟接前幫一律放洋謹
再由驛馳
奏仰祈
聖鑒事竊照本年蘇松常鎮太五府州屬漕白糧米全由
海運截至正月三十日二月二十日止兩次兌竣沙
船六百餘號共裝起運交倉漕白正耗米六十八萬
四千二百餘石業經先後
奏報在案茲據蘇松太道吳健彰等詳報三月初三日
止將各屬應運漕白等米全行兌裝完竣合計連前

解兌漕糧正耗米一百七萬八千六百石零白糧正
耗米八萬一千三百三十一石零內除沙船耗米八
萬五千一百四十石零津通食耗二米二萬七千九
百四十一石零實在交倉漕白正耗米一百四萬六
千二百五十五石零共裝沙船八百餘隻其應給沙
船水脚等項銀兩均經發給清楚仍飭委員查明各
船隨帶器械趕緊跟幫開行放洋北上詳請具
奏前來伏查沙船放洋全伏風色現值天氣晴和如果
南風順利船行可期穩速所有初次裝運沙船現據
崇明縣稟報放洋二百九十隻在後未放各隻恐有

疎虞臣楊丈定即日親赴上海督催嚴飭各沙船趕
緊跟幫行走毋任稍有稽延並令勇船帶領水勇護
送出洋自佘山至山東石島爲止一面飛咨本省隣
省沿海各鎮營督帶兵船嚴密巡護以聯聲勢現在
江省洋面安靜堪以仰慰
宸廑除將船號米數咨部查覈外合將海運米石全行兑
竣開行日期謹照案會同漕臣楊殿邦恭摺由驛馳
奏伏乞
皇上聖鑒謹
奏咸豐二年三月十五日奉

叁二

六十

硃批知道了欽此

倉場侍郎臣朱嶟跪
奏為委派大通橋監督於海運漕糧到通時分班赴壩
照料查催以杜弊端而昭迅速仰祈
聖鑒事竊照大通橋滿漢監督二員專司轉運歷年漕糧
由通運橋經抽查御史督同該監督等挈量斛面過
有短欠著落各經紀賠補一面督率車戶人等將應
進各倉糧石分頭轉運歷經遵辦在案今年河海並
運前經臣等奏派滿坐糧廳毓鍾隨同臣慶祺赴津驗
收海運糧石在通惟漢坐糧廳一員若海運與東糧
並到照料恐有未周查起運漕糧由裏河各閘撥杭

過載沿途無不拋灑短欠及乘閒偷漏情弊甚至石壩號房積壓糧袋各閘積壓載船輪轉不能迅速必須認真查催不任稍滋流弊方臻周密臣已嚴飭坐糧廳詳細查驗務期一律乾潔至由壩運橋米石應請派委大通橋滿漢監督中留一員在橋抽掣分一員在壩輪流照料並沿閘一帶往返稽察如有前項弊端立即稟明懲辦如此層層稽查催趲轉運既能迅速而閘壩轉運亦可清其流弊是否有當伏祈

皇上聖鑒再臣慶　現赴天津驗收海運糧石未及列銜合併聲明謹

奏咸豐二年三月十四日奏本日奉

旨知道了欽此

[illegible]卷二　六十二

驗米大臣臣孫　臣慶　跪

奏為遵

旨赴津驗收海運南糧謹將現辦情形恭摺奏祈

聖鑒事竊臣等於本月初四日由各路起程初十日行抵

天津直隸委員清河道譚廷襄亦於是日抵津會同

天津道張起鵷天津府錢炘和等辦理總局事務臣

等督飭隨帶司員臣部郎中董醇主事振麟王友端

成琦坐糧廳統鍾並該鎮道等飭商妥辦其先期哨

探乘潮迎護導引進口挨排水次查驗米色監視斛

收配給撥船疏通河道收發器械催空出口一切事

宜由該鎮道等遴委丞倅將弁各司其事次第整齊本年沙船放洋較蚤先於本月初三日接據天津鎮道稟報沙船抵津信息現在沙船陸續進口截至本月十六日止業經到津共計沙船一百二隻計裝漕白糧米十三萬三千餘石其在後各船開已源源而來現在江蘇委員同知梁逢辰朱鈞同帶鐵斛來津據稱蘇松糧道倪良燿現已在途不日可到臣等督飭該司員會同坐糧廳暨江蘇直隸兩省委員面眼同較明斛隻一面催令撥船移近沙船臣等率同司員坐糧廳等親赴河干查驗米色尚屬乾潔即令

趕緊斛收分起撥運此後續到船隻亦即逐日逐船
認真查驗飭令隨驗隨收俾得早為運通以期迅速
蕆事所有驗收海運南糧現辦情形理合恭摺具奏
伏乞
皇上聖鑒謹
奏
咸豐二年三月十八日奉
硃批知道了欽此

[illegible]字卷二

[illegible]

倉場侍郎臣朱　跪

奏為海運漕白糧米抵通開斛起卸日期恭摺奏

聞事竊照本年江蘇省蘇松常鎮太四府一州漕白糧米

全行海運裝載沙船運抵天津由

欽差大臣查驗兌裝剝船於三月二十二日開行北上四

月初一日抵通臣即擇吉於初二日敬謹祭祀

河神開斛起卸一面行令坐糧廳隨到隨驗不許片刻

停留其騰空剝船仍飭司漕員弁無分晝夜督催迅

速回津接運以資輪轉俾免貽誤臣正在辦理間據

山東省德州衛首幫於初二日挽抵通壩在後各幫

卷二　六十五

已跟接北上臣仍令坐糧廳同海運漕糧一併查驗
分別起卸並飭大通橋監督趕緊轉運進倉毋稍稽
遲所有海運漕白糧米及山東省幫船陸續抵通開
斛日期理合恭摺奏
聞伏祈
皇上聖鑒再臣慶　現赴天津驗收海運糧米未經列銜
合併聲明謹
奏咸豐二年四月初五日奏本日奉
旨知道了欽此

倉場侍郎臣朱嶟跪

奏爲遵

旨查明覆奏仰祈

聖鑒事四月二十九日奉

上諭給事中志魁奏興平倉掣驗海運交倉米石每袋均有短少請飭查辦一摺著倉場侍郎確切查明據實覆

奏欽此欽遵到臣衙門臣查定例經紀運米到大通橋交與車戶轉運進倉每十萬石定掣欠二百石車戶每十萬石定掣欠二百五十石又道光八年經前任

倉場侍郎松廷等奏掣欠逾額章程一摺奉

上

諭松廷等議奏近來經紀挐欠米石過多諭令該倉場侍郎妥議章程具奏茲據奏從前挐欠逾額之米均經戶部咨准令該經紀等折交銀兩著照所議准將挐欠在額內者仍照收買餘米例具挐欠逾額者援照歷次成案比照市價議增五成令其折價交銀每年全漕完竣後由大通橋監督覈明經紀車戶額內額外各數目報部應交銀兩一律完交嗣後著照新定章程辦理等因欽此欽遵在案

故經紀由石壩運米至大通橋經抽查御史每五十袋抽挐一袋一袋短少五十袋照數罰賠登記欠單將原袋交與車戶分運各倉[illegible]史監督抽挐如法除

經紀短欠外再有短欠著落車戶賠補非經大通橋
掣斛之後經紀業已賠補淸楚再令車戶拉運進倉
也故必俟漕糧完竣之時通盤覈算分晰經紀掣欠
若干車戶掣欠若干在額內者照收買餘米例賠補
在額外者即照市價酌增五成折銀賠補立法綦嚴
所以杜偷漏抛撒之弊歷經遵辦在案該掣欠向來
所有而未有如本年之無袋不短每袋短至六七升
之多者此項短欠例應經紀車戶賠補不爲無著然
非徹底根究誠如該給事中所奏積至贏千累萬於
倉儲大有關礙臣當親赴石壩屢經查驗抽掣斛面

多有不足隨將經紀斛手人等嚴行枷責懲辦務令添足再行過橋並嚴訊因何短欠如許之多據各經紀供稱實因海運米石頗多潮熱起載剝船嚴密封釘及至抵通屢奉

欽差大人嚴催起限緊迫河干不能風晾入袋轉運沿閘搬抗節次過風米身收縮東路顛簸復經橋倉等處出袋掣量短欠逾多役等勢處無可如何實在賠累不堪等語臣悉心體察各處詢訪尚屬實在情形在下役人等藉端滋弊難保必無而來源未清伊適有所藉口相應請

旨勅下驗米大臣督率司員認真查驗遇有潮潤發熱之
米即令全數風晾乾透再行兑剥運通以昭慎重而
杜口實臣仍隨時查察並嚴飭坐糧廳大通橋監督
實力防範嚴禁短量偷漏使水等弊庶於倉儲有裨
掣欠米石統俟漕糧全數進倉後仍照舊章覈明經
紀車户額内逾額各若干分晰咨部照例賠補所有
查明緣由理合恭摺據實覆奏伏祈
皇上聖鑒謹
奏咸豐二年五月初六日内閣奉
上諭朱嶟奏覆查興平倉海運米石短少請飭驗米大臣

認真查驗一摺著戶部詳晸速議具奏欽此

戶部謹
奏爲遵
旨速議具奏仰祈
聖鑒事咸豐二年五月初六日奉
上諭朱嶟奏覆查興平倉海運米石短少請飭驗米大臣
認真查驗一摺著戶部詳覈速議具奏欽此欽遵於初
七日抄出到部據原奏內稱四月二十九日奉
上諭給事中志魁奏興平倉掣驗海運交倉米石每袋均
有短少請飭查辦一摺著倉場侍郎確切查明據實覆
奏欽此欽遵到臣衙門臣查定例經紀運米到大通橋

交與車戶轉運進倉每十萬石定虧欠二百石車戶
每十萬石定虧欠二百五十石又道光八年經前任
倉場侍郎松廷等奏虧欠逾額章程一摺奉
諭松廷等議奏近來經紀虧欠米石過多諭令該倉場侍
郎妥議章程具奏茲據奏從前虧欠逾額之米均經戶部
咨准令該經紀等折交銀兩著照所議准將虧欠在額內
者仍照收買餘米例其虧欠逾額者援照歷次成案比照
市價議增五成令其折價交銀每年全漕完竣後由大通
橋監督覈明經紀車戶額內額外各數目報部將應交銀
兩一律完交嗣後著照新定章程辦理等因欽此欽遵在

案故經紀由石壩運米至大通橋經抽查御史每五十袋抽掣一袋一袋短少五十袋照數罰賠登記欠單將原袋交與車戶分運各倉各倉御史監督抽掣如法除經紀短少外再有短少著落車戶賠補非經大通橋掣斛之後經紀業已賠補清楚再令車戶拄運進倉也故必俟漕糧完竣之時通盤覈算分晰經紀掣欠若干車戶掣欠若干在額内者照收買餘米倒賠補在額外者即照市價酌增五成折銀賠補立法綦嚴所以杜偷漏拋撒之弊歷經遵辦在案故掣欠向來所有而未有如本年之無袋不短每袋短至

六七升之多者此項短少米石例應經紀車戶賠補不為無着然非澈底根究誠如該給事中所奏積至盈千累萬於倉儲大有關碍 臣嘗親赴石壩屢經查驗抽掣斛面多有不足隨將經紀斛手人等嚴行枷責懲辦飭令添足再行過橋並嚴訊因何短欠如許之多據各經紀供稱實因海運米石顆多潮熱起載剝船嚴密封釘及至抵通屢奉

欽差嚴催起限緊迫河干不能風晾入袋轉運沿閘搬抗節次過風米身收縮車路顛簸復經橋倉等處出袋掣量短欠愈多役等勢處無可如何實在賠累不堪

等語臣悉心體察各處詢訪尚屬實在情形在下役
人等借端滋弊難保必無而來源未清伊適有所藉
口相應請
旨飭下驗米大臣督率司員認真查驗遇有潮潤發熱之
米即令全數風晾乾透再行兌剝運通以昭慎重而
杜口實臣仍隨時查察並嚴飭坐糧廳大通橋監督
實力防範嚴禁短量偷漏使水等弊庶於倉儲有裨
掣欠米石統俟漕糧全數進倉後仍照舊章覈明經
紀車戶額內逾額各若干分晰咨部照例賠補等語
臣等查海運成案曾經奏明米質之乾潔總以到津

時查驗爲憑是以此次抵津由驗米大臣會同倉場坐糧廳直隸江蘇各委員眼同查驗明確如沙船米有霉變即由江蘇委員責令該商等賠補如係好米即由坐糧廳取具該經紀米色乾潔米數無虧切結督令斛收押運赴通抵通後由裡河轉運大通橋均係經紀料理如有短少潮濕經大通橋及應行收米之倉監督查出均惟經紀是問不得牽涉外河剝船更不得牽涉原裝沙船等因奏奉

諭旨准行在案是界限既已劃清斯弊實不容牽混令倉場侍郎因興平倉海運米石短少遵奉

諭旨確查嚴奏所稱定例經紀由壩運橋車戶由橋運倉
其掣欠數目統俟漕糧完竣之時通盤覈算經紀車
戶掣欠各若干在額內者照例價賠補在額外者照
市價酌增本係申明舊例以為追賠短少地步應毋
庸議至所稱興平倉短少之米據各經紀供稱因海
運米石頗多潮熱及至抵通屢奏
欽差嚴催起限緊迫河干不能風晾入袋轉運米身收縮
短欠愈多請
旨飭下驗米大臣督率司員認真查驗遇有潮潤發熱之
米即令全數風晾再行兌剝等語臣等查海運章程

劃清界限原期各清各弊庶免臨時牽混今興平倉米石如果在津起載時即屬潮熱何以承運之經紀肯出具米色乾潔米數無虧切結且漕糧抵通倒由坐糧廳一面驗收一面飭令經紀入袋轉運如果米質潮濕何以該坐糧廳革牽驗收並不向承運之經紀嚴行究辦迨至由壩運橋由橋運倉層折既多更滋弊竇該侍郎既稱借端滋弊難保必無自當責成坐糧廳及大通橋各監督逐層分別查辦何以於查倉給事中志覲奏參米石短少之後僅問之借端滋弊之人即據其一面之詞謂驗米之初頗多潮熱率

爾含混具奏既據該侍郎奏稱親赴石壩抽掣斛面多有不足飭令添足再行過橋等語是該侍郎業已查驗得實何以並不將短少斛面之人嚴參治罪照數追賠轉藉口於米身收縮曲爲開脫以上情節均應令該侍郎據實明白迴奏至所稱抵通後

欽差嚴催起限緊迫一節臣等查該侍郎奏報起過糧數自四月初一日起至二十日止每日僅起米一萬餘石如再按照例限斛收三萬不知又將作何藉口該侍郎所奏俱未覈實當此盤頓倉務之際經紀人等即使嚴加防範猶恐百弊滋生若再寬爲縱容更覺

罪無忌憚相應請
旨飭下倉場侍郎嚴飭坐糧廳驗收米石如查有潮濕霉
短諸弊即將作弊之人送部治罪照案追賠至由石壩
轉運大通橋由大通橋分運各倉務各厘剔弊端責成
訪察斷不可意存迴護使經紀車戶人等有所推諉
如經管各官有意袒護即將承辦之員據實參奏如
此層層防範倉儲稍有裨益所有臣等連議緣由是
否有當伏乞
皇上聖鑒訓示謹
奏請

旨咸豐二年五月十三日具奏本日奉
上諭前因倉場侍郎覆奏興平倉海運米石短少各情當
交戶部詳覈速議具奏茲據該部奏稱查海運成案漕
糧抵津由驗米大臣會同倉場坐糧廳直隸江蘇各委
員眼同查驗由坐糧廳取具該經紀切結督收運通後
由裏河轉運大通橋如查有短少潮濕等弊均惟經紀
是問現在興平倉米石如果在津時即有弊混該經紀
何肯出具切結迨至抵通驗收該坐糧廳何以率行轉
運且既經查倉給事中參奏該侍郎又將斛面短少查
驗得實何以不將舞弊之人嚴參治罪照數追賠輒據

經紀等一面之詞歸咎於天津驗米大臣著朱嶟據實
明白廻奏當此整頓倉務之際若不嚴加懲創更恐肆
無忌憚即著該侍郎等嚴飭坐糧廳驗收米石如查有
潮濕霉短等弊即將舞弊之人送部治罪照例追賠至
由石壩轉運大通橋後分運各倉務各釐剔弊端實力
訪察如經管各官意存廻護亦著據實參奏毋稍隱餘
依議欽此

戶部謹
奏為海運剝船通壩驗收遲滯請
旨嚴催以肅漕政仰祈
聖鑒事竊維本年河道阻滯重運維艱幸賴海運漕糧稍
資接濟在受僱之沙船急公應募航海而來尤當迅
速驗收俾得及早回空別謀生計而天津驗收之遲
速總以運通之剝船能否輪轉為憑前因東糧同時
並到臣等以剝船抵通交卸後仍須折回天津裝運
與東糧交卸後無須再運者不同當即移咨倉場嚴
飭坐糧廳先儘剝船驗卸不准片刻停留並經

欽差驗米大臣於驗收起運情形摺內奏奉
諭旨准行各在案嗣據驗米大臣咨稱漕糧抵通坐糧廳
每日例應起米三萬石現在通壩每日僅起米萬餘
石並有停驗日期以致剝船沿河停泊待驗積壓至
二十餘里之遙沙船人等守候半月之久尚未挂剝
紛紛攔輿呈控環跪哀求在津辦理十分掣肘等語
又經 臣部移咨倉場將指飭各情形迅即咨報驗米
大臣查核並咨覆臣部以憑核辦等因亦在案茲據
倉場咨稱現在東豫二省幫船已經停驗外河起米
大通橋進倉每日均符三萬石之數惟裏河未能足

額已將石壩州判奏叅摘頂咨覆前來臣等查向例
漕糧抵通坐糧廳驗收起卸過壩由石壩州判督催
轉運大通橋分運各倉各有專司不容推諉今停驗
之剝船積壓至二十餘里之遥是驗收既已遲延轉
運何由迅速臣等按倉場五日奏報收過海運糧數
核算自四月初一日起至二十日止每日僅起米一
萬餘石自二十一日起至二十五日止每日亦僅起
米二萬餘石即將起過東糧之十一萬七千餘石算
入亦難符每日三萬之數彼時日永天晴起卸得手
該坐糧廳既未遵照奏案認真趕辦亦未遵照例限

如數斛收遂致數百隻航海之沙船紛紛呈控尚復成何事體且剝船封固釘堅無從風晾悶蒸日久霉變堪虞設遇陰雨連綿米質受傷誰職其咎當此河運艱難之際若再不激發天良破除情面何以革積習而挽頹風相應請

旨勅下駐通倉場侍郎嚴飭坐糧廳遵照每日起米三萬石定例隨到隨驗以速補遲倘因循不振仍復遷延或縱容經紀人等故意刁難阻撓海運為需索河運旗丁地步即行據實嚴參勿稍廻護並將因何每日起米不足三萬石之處切實查明具奏至大通橋各

官轉飭一體遵照迅即分運以免遲滯臣王　現
署順天府府尹一面劄行通永道嚴飭石壩州判於
坐糧廳驗收後迅即督催轉運不准片刻稽延如此
遂層趕辦庶沙船可以及早回空不至有妨本業矣
是否有當伏乞
皇上訓示謹
奏請
旨
咸豐二年五月初二日內閣奉
上諭戶部奏海運剝船通壩驗收遲滯一摺定限漕糧抵

通坐糧廳驗收起卸每日應起米三萬石茲據奏稱本年海運剝船通壩驗收每日僅一萬餘石或二萬餘石以致剝船停泊待驗積壓至二十餘里之遥該坐糧廳並未遵照例限如數斛收致令航沙船不得及早回空辦理殊未妥協著交部議處仍著倉場侍郎嚴飭該廳員等隨到隨驗以速補運倘仍復遷延或縱容經紀人等故意刁難爲需索地步即著據實嚴參其大通橋各官亦飭一體遵照迅速轉運並將因何每日不足三萬石之處查明具奏至石壩州判有督催轉運之責著順天府府尹嚴飭各州判於坐糧廳驗收後迅催轉運毋

任再有稽延欽此

[illegible]通續[illegible]卷二　終

倉場侍郎臣朱嶟跪

奏為遵

旨查明具奏仰祈

聖鑒事五月初五日准戶部行知本部奏催海運剝船到

通迅速驗收一摺於五月初二日具奏本日奉

上諭戶部奏海運剝船通壩驗收遲滯一摺定例漕糧抵

通坐糧廳驗收起卸每日應起米三萬石茲據奏稱本

年海運剝船通壩每日僅一萬餘石或二萬餘石以致

剝船停泊待驗積壓至二十餘里之遠該坐糧廳並未

遵照例限如數斛收致令航海沙船不得及早回空辦

理珠未妥協著交部議處仍著倉場侍郎嚴飭該廳員
等隨到隨驗以速補遲倘仍復遷延或縱容經紀人等
故意刁難為需索地步即著據實嚴參其大通橋各官
亦飭一體遵照迅速轉運並將因何每日不足三萬石
之處查明具奏至石壩州判有督催轉運之責著順天
府府尹嚴飭該州判坐糧廳驗收後迅催轉運毋任再
有稽延欽此欽遵到臣查河運糧船例有到通回空限
期海運例無到通回空限期河運例與無閏之年比
較遲早海運例不比較遲早道光二十八年欽奉
上諭海運河運兼管並不得顧此失彼故臣於奏銷開斛日

期摺內聲明海運奏報同日並到飭令坐糧廳一併
驗收在案嗣據戶部來咨內稱東豫二省漕糧同時
並到必須先儘海運剝船驗卸事涉兩歧權衡酌辦
乃擬爲先驗海運兩日後驗東糧一日無論同時並
到者先儘驗收即後來者已儼然居上矣若竟將東
糧停擱不驗未免顯背舊章且河面窄狹幫船排列
在前剝船越次擁擠恐其阻塞運路欲速反遲此東
糧之不能相間一驗有驗東糧之日故海運有停糧
之日也誠使起卸得手次第趕辦自足以資周轉而
符例限無奈河乾水淺自小河口以上壩椿文楊以下深處

一尺六七寸淺處一尺四五寸剝船既提不進前鈎載船又不敷浮送覩此情形幾於束手無策設法籌辦不惜重價另僱民間小船陸續轉運初時船隻短少不敷應用幸東豫幫船帶有小剝腳船驗卸騰空加價添僱乃復稍稍增益而船身短小所載不過四五十石晝夜輪回亦不能足三萬石之數兼以米色參差潮熱霉變者所在多有若一意求速草草了事或將濕米朦混濫收迨至入倉朽爛虧折誰職其咎查驗米色係坐糧廳專責不敢不小心慎重逐船挨艙詳驗未免稽遲此四月十九日以前每日起米僅

萬餘石至二萬石不能足三萬石之實在情形也查
石壩土壩報單二十日至二十四等日外河起米實
已趕上洪解三萬石外有平斛白糧二千石若俱以
平斛核算已在三萬八九千石被部臣刪去白糧一
層而將少起之日與多起之日挪前移後籠統核計
故不足三萬石耳二十五二十六日天津總單未到
無憑驗收起米不足三萬石二十七二十八二十九
等日起米三萬石已將海運到通剝船掃數驗卸完
竣無積壓三十日五月初一日脫空初二日至初十
等日每日到通剝船僅止一起間有脫空之日每起

船一百餘隻裝平斛漕糧二萬餘石核計供斛一萬
六千餘石不堪起卸者千餘石此又起米不足三萬
石兼驗東糧之原委也查楊村額設官民剝船二千
餘百隻起運白糧例應另僱民船不在此數如果購
備齊全循序漸進陸續騰空星夜折回何致不敷輪
轉使
欽差有停收待剝之虞計此時汴船來數無多在津剝船
業已有盈無絀據楊村汛把總王純稟報楊村通判
於五月初七日已將回空剝船截留歸次矣臣惟有嚴
飭坐糧廳將東豫二省軍船加緊驗收以符例限剝

船隨到隨驗壩橋各處一體飭遵如敢怠緩即行據
實嚴參而由石壩過載裏河實為運務關鍵河水既
充船隻轉運如果奮勉圖功何難日行三萬而部臣
謂驗收既已遷延轉運何由迅速不知轉運之勤隨
但視存積之多寡號房無米則可歸咎於外河之起
卸不速令按石壩報單詳查該處運數多不過二萬
三四千石而積壓在號者至六七萬八九萬之多一
處積壓則各處阻滯以致橋上短米進倉河下乏袋
起米重重貽誤厥咎難辭此臣於四月二十七日將
石壩州判吳元炸奏參摘項之原委也至下役人等

卷二　八十二

借端需索誠恐難免業經臣出示嚴禁並諭令押運
員弁查拿船戶扭案從重懲處在案若縱容經紀人
等故意刁難阻撓海運為需索河運旗丁地步該員
即喪天良决不至此除將各處報單送部查核外所
有切實查明緣由理合恭摺具
奏伏乞
皇上聖鑒謹
奏咸豐二年五月十六日奉
上諭朱嶟奏遵旨查明海運米石起卸情形一摺此次海
運米石由天津剝運抵通較之豫東漕糧起卸尤宜迅

速據該侍郎查明坐糧廳等尚無有意積壓情事惟當
大雨時行之際若每日起卸不足三萬石之數必致輪
轉不及且易啟偷漏需索等弊著朱嶟嚴飭廳員迅速
催卸不得藉詞推諉有誤正供倘經紀人等故意刁難
即著嚴拿懲辦其石壩州判轉運並著督飭趕辦如有遲延
一併參奏欽此

卷二

八十三

倉場侍郎臣朱嶟跪

奏爲遵

旨據實明白迴奏仰祈

聖鑒事五月十六日准戶部行咨本月十三日奉

上諭前因倉場侍郎覆奏海運米石短少各情當交戶部詳覈速議具奏茲據該部奏稱查海運成案漕糧抵津由驗米大臣會同倉場坐糧廳直隸江蘇各委員眼同查驗由坐糧廳取具該經紀切結督收運還後由裏河轉運大通橋如查有短少潮濕等弊均惟經紀是問現在興平倉米石如果在津時即有弊混該經紀何肯出

出具切結追至抵通驗收坐糧廳何以率行轉運且既
經倉[illegible]給事中奏參該侍郎又將斛面短少查驗得實
何以不將舞弊之人嚴參治罪照數追賠輒據經紀等
一面之詞歸咎於天津驗米大臣著朱嶟據實明白迴
奏欽此　臣跪讀之下不勝悚惶竊漕糧抵津大臣如何
會驗經紀何以出結臣不得而知也至抵通驗收據
坐糧廳每日禀報查驗得海運漕糧先起米質乾潔
者飭令經紀趕緊起卸其中或間有潮熱或十數船
潮濕或數十船潮濕情形輕者飭令隨晾隨起情形
重者飭令上岸風晾復驗再起未嘗率行轉運若承

運之經紀遠在天津當時未及提究至斛面有無短
少非該廳一人查照所能周臣不時親至攔櫃抽掣
斛面多有不及即將該經紀斛手人等隨時枷責嚴
行示懲飭令添足再行過橋時照數賠補無待於追
若一升一合紛紛嚴參送部雖夏日舒長恐亦不勝
其煩瀆至興平倉短少米石曾經臣申明俟漕糧全
數進倉仍照舊章覈明確數咨部照例辦理
國法具在何能借口於米身收縮曲為開脫惟經紀車
戶人等雖屬賤役當運務吃緊之際亦資其力若一
經查有短少即將舞弊之人嚴參褫革照數立追竊

恐短欠人多逞部者去其大半一時招募不及必致
公事遲悞其咎雖歸借端滋弊下役之積習牢不可
破然使無端可借弊何由滋短少潮濕等弊均惟經
紀是問則釐弊之端不能不問之滋弊之人當臣查
閱之時據該經紀供稱虧折各情節雖係一面之詞
若遽斥為狡飾壅於
上聞轉不足以折服其心
奏請
飭下驗米大臣督率司員認真查驗正所以關書役之口
致歸咎也謹據實明白迴

奏伏祈
皇上聖鑒謹
奏咸豐二年五月二十日內閣奉
上諭據朱嶟迴奏海運米石短少情形與戶部前奏兩歧
著派恩華彭蘊章秉公確查據實具奏欽此

海運續案 [illegible] 卷二 八十六

臣恩華臣彭蘊章跪
奏為遵
旨查奏事本月二十日奉
上諭據朱嶟迴奏海運米石短少情形與戶部前奏兩歧
著派恩華彭蘊章秉公確查據實具奏欽此臣等於次
日
陛辭後即於二十二日帶同兵部司員祥奎程誠工部司
員錫惠軍機章京陳鴻翊前往通州倉場衙門傳到
坐糧廳汪潤並經紀人等查詢先據倉場侍郎呈出
坐糧廳毓鍾在天津驗米逐日稟報公文內開每日

收米均閒有米質蒸熱發紫字樣是海運來色原不
能盡純又據汪潤呈出在通驗收米石清冊有全船
潮濕者有一艙潮濕者均經挑晾後再行驗收是在
津不過蒸熱到通始見潮濕其為中途剝船使水無
疑查海運章程經紀於驗結後米石潮濕虧短責惟經紀是問最閒家徒刑酌有推擬此次與吳不符擬
業經本部侍郎奏請照例於全漕完竣時着落經紀妻子房追賠已由戶
部覈准此外各倉如有短少亦應一律辦理至該侍
郎原奏據經紀供稱屢奉
欽差嚴催起限緊迫河干未能風晾以致轉運後米身收
縮等語提訊經紀黑糧明等供亦相同臣等竊思海

運為一時救急之務若任聽經紀等遲延起運苦累
沙船設或再行海運沙船將視為畏途不得不存遠慮未
可概事拘泥況現值海運米石在津尚未潮濕到通
後坐糧廳驗有潮濕仍加挑晾與該經紀所供亦不
相符其經紀在津出結係屬向例該侍郎尤不當諉
為不知雖業經到壩抽查將斛面不足之經紀斛手
枷責當時即令賠補尚非有心徇庇惟於倉米短少
不肯虛心引咎尚復嘵嘵置辯究屬不合相應請
旨將倉場侍郎朱嶟交部議處現在米石尚未驗收完竣
　應請

飭下該侍郎仍責成坐糧廳及大通橋監督認真查驗如
有潮濕短少情弊即行嚴究懲辦所有臣等遵
旨確查緣由理合據實具奏伏乞
皇上聖鑒謹
奏咸豐二年五月二十四日奉
上諭前因朱嶟廻奏海運米石短少情形與戶部原奏兩
歧特派恩華彭藴章前往查辦茲據奏稱查驗坐糧廳
公文清冊此項米石在天津不過蒸熱到通州始見潮
濕通州坐糧廳仍加風晾始行驗收與該侍郎原奏據
經紀供稱河干未能挑晾以致轉運後米身收縮之語

不符其經紀在天津出結係屬向例該侍郎不得諉為不知等語此次海運原為倉儲緊要權宜辦理若任聽經紀藉端挑斥必致遲延貽誤該倉場侍郎自應通盤籌畫以濟倉儲乃於倉米短少並不虛心引咎輒以天津收驗為詞嘵嘵置辯實屬不合朱嶟著交部議處其未收米石仍著責成坐糧廳及大通橋監督認真查驗迅速轉運如有潮濕短少情弊即著嚴究懲辦餘依議

欽此

海運續案 壬子卷二 八十九

臣孫瑞珍臣慶祺跪

奏為海運南糧驗收全完恭摺奏

聞仰慰

聖懷事竊查江蘇省本年起運咸豐元年分蘇州松江常州鎮江太倉四府一州漕白糧米雇用沙船由海運津陸續進口挽抵天津上園水次臣等督飭各該員隨到隨驗一律儹辦所有起運漕白二糧米數先經

臣等兩次奏報在案計自三月中旬開斛以來原報沙船八百七十三隻裝運漕白平斛糧米一百四萬六千二百五十五石八斗二升六合三勺承運經紀

隨正交倉糧米一萬五千九百九石八斗五升七合
五勺八抄統共漕白二糧並經紀耗米一百六萬二
千一百六十五石六斗八升三合八勺八抄覈據應
數查驗斛收一律乾潔內有沉失米三千一百九十
石按照奏定章程本應豁免經江蘇總局委員以倉
儲緊要自應備價收買沙船餘米抵補足額掃數全
完顆粒無虧計用官民剝船五千八十八隻酌分四
十八起兌裝前後跟接全數起運除撥運易州
陵
糈白糧正耗米一千二百九十八石七斗三升六合七勺
二抄外其餘漕白二糧及應撥薊州白糧共計一百

六萬八百六十六石九斗四升七合一勺七抄均經
起運赴通臣等查豐北漫口本年春間未能合龍河
運江浙江廣等省漕糧抵通自必較遲幸海運風帆
順利先將此百餘萬石漕白糧米早運通壩俾實倉
儲較之河運又復節省銀六十六萬兩以供撥用現
在前項漕白糧米一百六萬二千一百六十五石六
斗八升三合八勺八抄均經隨時斛收全數撥兌比
較道光二十八年卸竣日期早完一月有餘辦理胥
歸簡捷是皆仰賴
聖主鴻福臣等欽幸難名再上兩屆海運每屆另備口袋

五萬條以為在津露囤及北倉截卸之用本屆並未
露囤亦未截卸毋庸另備口袋少此一項開銷計節
省銀一萬二千餘兩其上屆豫備截卸露囤蓆片繩
索等項亦即毋庸採辦以節經費而昭覈實所有臣
等驗收海運南糧事竣緣由理合恭摺具奏再臣等
於拜摺後即行率同隨帶司員起程回京恭覆
恩命合併聲明伏乞
皇上聖鑒謹
奏咸豐二年五月二十三日奉
硃批知道了欽此

臣孫瑞珍臣慶祺跪
奏為海運事竣謹將在津辦理收運尤為出力各員擬
照
恩准成案恭懇
天恩分別獎勵仰祈
聖鑒事竊查道光二十八年七月初三日奉
上諭朱鳳標德誠奏海運事竣請將出力各員分別獎勵一
摺本年南糧海運前曾派朱鳳標等前往天津督飭各該
員妥為籌辦現在正漕全數兌收各該員等著有微勞自
應分別加恩以昭激勸委員江南淮揚道查文經直隸清

河道何耿繩天津道張起鵷署天津鎮總兵福珠洪阿均
著交部議敘生糧廳奎綬著交部從優議敘隨帶司員前
湖北武昌府知府戶部員外郎上行走聯英著記名以道
員用戶部候補主事董醇著遇有主事缺出儘先補用其
天津府知府以下各員及由通調往之委員營委將弁並
江南委員及佐雜各員均著咨明各該省督撫分別請獎
朱鳳標德誠在彼數月督辦周妥均著交部議敘餘著照
所擬辦理欽此欽遵在案臣等查本年辦理海運原因豐
北未能合龍河運恐有阻滯並以軍需緊要擬將河
運費用節省以供撥解所有海運一切經費必須樽

節支用方可絲毫不動
帑項尤在起運迅速免致露囤截卸之煩前經江蘇督
撫酌擬章程由臣部逐款覈議恭酌時宜務為經畫
嗣於三月內江南委員升任甘肅按察使蘇松糧道
倪良燿等先後來津會同清河道譚廷襄天津道張起
鵷專司其事坐糧廳毓鍾隨同臣等赴津與直隸江蘇
兩總局公同商辦先撥該道等選委府縣丞倅次第
整齊復經臣等逐加查察該道員等無不竭誠盡力
恪謹將事其先期哨探來潮迎護導引進口挽撥水
次查驗米色監視斛收配給撥船流通河道一切事

宜均須周妥而總理文案鈎稽冊檔樽節經費彈壓
人夫加以預購餘米備祇缺額收發器械巡防盤詰
需員恐多該府縣丞卒等均能明幹曉事晝夜辛勤
臣等目擊各該員出力情形始終罔懈實不敢壅於
上
聞當此事竣之時謹照道光六年及二十八年兩屆鼓勵
成案恭懇
恩施以昭激勸查升任甘肅按察使蘇松糧道倪良燿總
理交米事宜籌畫精詳力全漕額清河道譚廷襄天
津道張起鵷經理一切均能隨時隨事悉心調度俾

克安協蔵事署天津鎮總兵大沽協副將特克慎來往海口催提船隻親督將弁遠探近引歴著勤勞惟係司道鎮將大員

恩出

聖裁未敢擅議優敘其天津府知府錢炘和署天津縣知縣謝子澄各委員等及由通調津委員並營員將弁臣等各按勞績咨明直隸督臣分別奏請獎勵江南委員候補知府洪玉珩等認真籌辦經理周詳勸諭商民耆舵水手胥遵約束其佐雜各員及督押糧米航海委員亦均培矢勤奮昕夕不暇臣等亦照成案

各海勞績分別咨明江省督撫辦理再查前屆臣部隨
帶司員二員及道光六年辦理海運隨帶四員均蒙
恩獎敘此次隨帶四員內郎中董醇一員上年兩次收買
商米及前屆辦理海運均經隨帶赴津熟習情形該
員才猷素著識力兼優本年以
京察一等蒙
恩記名以道府用此次帶同驗米亦能領袖同司辦理諸
務悉臻妥善可否仰懇
天恩交軍機處記名遇有道員缺出請
旨簡放先換頂帶主事張麟候補主事王友端學習主事

成琦三員經臣等委辦一切均能潔己奉公始終其
事不辭勞瘁查主事張麟係已補實缺人員可否仰
懇
天恩留於臣部以員外郎儘先升用候補主事王友端由
進士分部早經奏留可否仰懇
天恩遇有臣部主事缺出儘先補用學習主事成琦前在
都察院筆帖式任內當差十二年有餘嗣由文進士
簽分臣部在主事上行走已逾二年可否仰懇
天恩留於臣部以主事儘先補用以上各員實皆著有勞
績臣等謹仰體

聖主激勵人材至意按案聲請恭候
聖裁伏祈
皇上聖鑒謹
奏請
旨

再查坐糧廳兩員內除汪潤一員駐通接收海運南糧應照成案俟撥船起卸全完再由倉場衙門覈辦外其駐津坐辦廳刑部郎中毓鍾隨同臣等終日河干送船送艙查驗米色督率經紀不辭勞瘁查上屆駐津坐糧廳海運事竣蒙

恩交部從優議敘此次海運沙船連檣早到趕辦一切倍
著辛勤該員係本年
京察一等人員可否邀
恩賞給道銜以示鼓勵出自
皇上逾格鴻慈謹
奏請
旨
咸豐二年五月二十三日内閣奉
上諭孫瑞珍慶祺奏海運事竣請將出力各員分別獎勵
一摺本年南糧海運前曾派孫瑞珍等前往天津督飭

各該員妥為籌辦現在漕糧一百餘萬全數兌收各該員等著有微勞自應分別加恩以昭激勸委員江南蘇松糧道升任甘肅按察使倪良耀直隸清河道譚廷襄天津道張起鵷署天津鎮總兵特克慎均著交部從優議敘坐糧廳毓鍾著賞給道銜隨帶司員戶部郎中董醇著交軍機處記名遇有道員缺出請旨簡放先換頂戴戶部主事張麟著以員外郎儘先升用戶部候補主事王友端著遇有主事缺出儘先補用戶部學習主事成琦著留於該部以主事儘先補用其天津府知府以下各員及由通州調往之委員營委將弁並將南委員

及佐雜各員均著咨明各該省督撫分別請獎孫瑞珍
慶祺督辦妥速均著加恩交部議敘餘著照所議辦理
該部知道欽此

卷二　九十七

協辦大學士直隸總督臣訥爾經額跪
奏為海運漕糧支用經雜各費循照歷屆成案請免報
銷恭摺奏祈
聖鑒事竊照本年海運江蘇松常鎮太四府一州漕白米
一百六萬二千一百六十五石零自津運通應需剝
船水脚及一切經雜各費由江省解到九四平銀一
十三萬兩除撥解坐糧廳通倉協貼等銀一萬五千三
百兩實收銀一十一萬四千七百兩存留天津道庫
備用茲據清河道譚廷襄天津道張起鵷會呈稱本
年海運需用官民剝船水脚並苫蓋剝船蓆片溜蓆

簡以友民船守候口糧押運員弁兵役薪水飯食迎
護導引哨船弁兵口糧一切經雜各費經
欽差大臣督飭該道等會同江蘇委員撙節動用茲已事
竣該道等逐細勾稽覈實銷算並將收回苫艙蓆片
估計變價就款開除共用九四平銀一十一萬四千
六百九十四兩零折實庫平銀一十萬七千八百一
十二兩零尚餘九四平銀五兩零檢查道光六年海
運剝價因動支漕項銀兩係報部之款是以造冊報
銷其一切經雜各支費由江省在外籌款
奏明毋庸造報二十八年剝價等銀江省係在津貼旗

丁幫費銀內撥解並非解部之款亦經奏明毋庸報
部本年江省解到銀兩係照案在於應給幫費內籌
撥應請
奏明毋庸報部覈銷仍分項造具細冊詳咨江省歸入
商船水脚等項彙案辦理所有用賸銀五兩零查升
任江蘇糧道倪良耀前因應解坐糧廳協貼等項銀
兩不敷支解在於天津道庫借撥銀二千九百八十
七兩零應將前項餘銀劃抵尚未還借墊九四平銀
二千九百八十二兩零請咨江省解交歸款等情造冊
會詳請

奏前来臣按款覆覈並檢查道光六年海運漕糧需用
剝價及一切經雜各費按米攤算每百石需銀十一
兩二十八年海運每百石需銀十一兩零本年每百
石需銀十兩零比較上二屆有減無增所有本年海
運動用銀兩江省係由外籌撥應請循照歷屆成案
免其報部覈銷仍將細冊咨送江省彙入沙船水脚
案內辦理借墊銀兩催解歸款外為此恭摺具
奏伏乞
皇上聖鑒謹
奏咸豐二年八月十七日奉

硃批戶部知道欽此

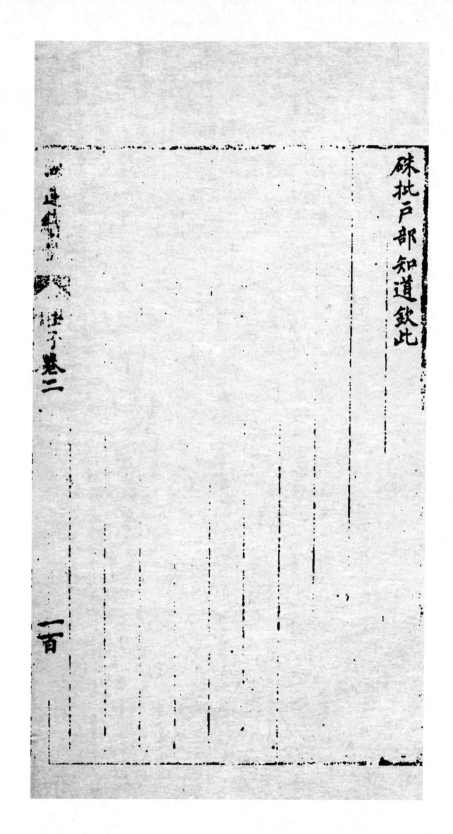

[illegible]卷二

一百

協辦大學士直隸總督臣訥爾經額跪

奏為辦理海運出力人員遵

旨覈實保奏懇

恩分別獎勵仰祈

聖鑒事竊臣接准部咨咸豐二年五月二十三日奉

上諭孫瑞珍慶祺奏海運事竣請將出力各員分別獎勵一摺本年南粮海運前曾派孫瑞珍等前往天津督飭各該員妥為籌辦現在全數兌收各該員等著有微勞自應分別加恩其天津府知府以下各員及由通州調往之委員營委將弁並佐雜各員均著咨明該督分別

請獎等因欽此並准
欽差戶部尚書臣孫　倉場侍郎臣慶　將直隸所派
文武員弁並由通帶往各員銜名開單咨送到臣
仰見
聖主激勵人材微勞必錄之至意惟查單開共計一百五
十九員之多自應分別出力之等差核實辦理隨飭
總辦局務之清河道譚廷襄天津道張起鵷暨藩司
會同查明核議詳請
奏獎前來伏查本年辦理海運臣先期派委營員出洋
睄探迎護天津總局經管文案稽核支銷監視兌斛

調撥剝船押運米石催重儹空事務較頻而沙船進
口之事加以官民剝船二千數百隻水手人等一時
滙集彈壓稽查尤關緊要當經分委員弁各司其事
數月以來均能不辭勞瘁奮勉從公迅速蕆事不無
著有微勞仰懇
聖恩准令分別請獎謹遵
旨擇其尤為出力文武二十三員請
旨分別鼓勵以昭激勸又出力稍次文武共三十二員並請
敕下部臣分別從優及量予議敘謹依次開單恭呈
御覽此外各員弁由外存記容臣隨時酌量獎勵理合恭

摺具奏伏乞

皇上聖鑒訓示謹

奏咸豐二年六月二十八日奉

上諭訥爾經額奏遵保辦理海運出力人員一摺本年辦
理海運直隸派委各員弁等或綜理文案或斛收監兑
或調撥剝船或催儹稽查均屬著有微勞自應分别獎
勵天津府知府錢炘和廣平府同知鍾瑞天津縣知縣
謝子澄新城縣知縣鄭士蕙宣化府經歷宋嵩慶天津
鎮標葛沽營遊擊薛成龍大沽協左營都司吴璋均著
以應升之缺升用候補知府全鑑著遇有本班應補缺

出儘先補用天津府海防同知候選知府高應元著以
知府歸部儘先選用清苑縣縣丞捐陞知縣汪鳴和著
開缺以知縣留於直隸歸候補班補用河工候補縣丞
捐升知縣於藩著以知縣留於直隸歸本班儘先補用
仍各照例捐足再行序補建昌縣巡檢捐升主簿陳克
昌著開缺以主簿留於北河補用捐班前先用按察司
經歷費德聲本班儘先補用縣丞於恒吉遇缺即補縣
丞劉傑河工本班儘先補用縣丞祥瑞河工分缺間用
主簿熊琦均著歸候補班先用候補府經歷龔煥候補
直隸州州判唐樹翼北河候補縣丞高維翰北河候補

從九品孫冬旭試用從九品盛祖培試用府倉大使汪
葆光均著儘先補用楊村通判厲維梁山海關通判烏
林泰即用知縣薩炳阿試用知縣吳應台葉增慶州同
銜天津縣縣丞王恒讓任邱縣縣丞佟滿卓異候升程
椿武清縣河西務主簿鄒在人霸保主簿朱浩良北河
遇鈇即補從九品許忠阜平縣典史汪榕井陘縣典史
陳廷賡天津縣楊青驛驛丞楊承杰天津鎮標中軍遊
擊吳燦署天津鎮標城守營都司趙升東明營都司毛
文藻大名鎮標長垣營都司白含章天津鎮標左營守
備梁運彰署天津鎮標右營守備阜城汛千總哈清魁

正定鎮標左營守備王恩洪天津鎮標大沽協左營把總劉淳海口營把總王寶慶左營把總劉巽雲河間協右營商家林汛把總沈鳳鳴大沽協左營外委楊殿臣大沽協海口營外委杜來增景州營吳橋汛外委楊瑞城守營外委王恩溶均著交部從優議叙東路同知吳承祖通州知州佈彥海河主簿陸補故城縣縣丞鄭繼勲天津縣葛沽巡檢樓東淇天津縣典史劉玉衛均著交部議叙餘著照所擬辦理該部知道單併發欽此

海運續案 子 卷二 一百四

為欽奉事咸豐二年九月十九日内閣奉

上諭陸建瀛等奏海運安穩護邀

神佑請加封號匾額一摺上年蘇州松江常州鎮江太倉四府一州漕白米石俱由海運該撫楊文定於督辦之初即叩禱

天后

風神

海神各廟虔求佑助嗣沙船先後放洋妥速抵津米石並無傷損

神靈默佑欽感良深著去大藏香十柱交陸建瀛楊文

定祇領遣員分詣各處
神廟敬謹祀謝
天后屢彰靈應疊加封號此次海運利漕安瀾顯應由
著著禮部察例擬加封號候朕酌定並發去御書匾額
交該督等敬謹懸挂以答
神庥其
風神
海神並著禮部一體擬加封號以照靈貺欽此欽遵於
十六日抄出到部十九日由廳發司前來相應抄錄
原奏恭錄

上諭行文兩江總督江蘇巡撫一體欽遵查照並知照禮
部係如何擬
加封號務於擬定具奏後知照本部以憑查核暨移會稽
查處稽察房戶科江南道可也

海運續案　卷二　一百六